DO MITO DO HERÓI AO HERÓI DO MITO

A jornada simbólica do professor

Dados Internacionais de Catalogação na Publicação (CIP)
(Câmara Brasileira do Livro, SP, Brasil)

Brandão, Ayéres
    Do mito do herói ao herói do mito : a jornada
simbólica do professor / Ayéres Brandão. —
São Paulo : Ícone, 2005. — (Coleção conhecimento
e vida / coordenação Diamantino Fernandes Trindade)

Bibliografia.
ISBN 85-274-0811-2

1. Jung, Carl Gustav, 1875-1961 - Psicologia
2. Pedagogia 3. Pesquisa educacional 4. Professores -
Formação I. Trindade, Diamantino Fernandes.
II. Título. III. Título: A jornada simbólica do
professor. IV. Série.

04-7599   CDD-370.71

Índices para catálogo sistemático:

1. Professores : Formação : Perspectivas
        junguianas : Educação   370.71

Ayéres Brandão

DO MITO DO HERÓI AO HERÓI DO MITO

A jornada simbólica do professor

**Coleção
Conhecimento e Vida**

Coordenação
Diamantino Fernandes Trindade

Ícone
editora

© Copyright 2005.
Ícone Editora Ltda.

Coleção Conhecimento e Vida

Coordenação
Diamantino Fernandes Trindade

Diagramação
Andréa Magalhães da Silva

Revisão
Rosa Maria Cury Cardoso

Proibida a reprodução total ou parcial desta obra,
de qualquer forma ou meio eletrônico, mecânico,
inclusive através de processos xerográficos,
sem permissão expressa do editor
(Lei nº 9.610/98).

Todos os direitos reservados pela
ÍCONE EDITORA LTDA.
Rua Lopes de Oliveira, 138 – 01152-010
Barra Funda – São Paulo – SP
Tel./Fax.: (11) 3666-3095
www.iconelivraria.com.br
e-mail: iconevendas@yahoo.com.br
editora@editoraicone.com.br

Agradecimentos

Agradeço os professores e professoras com quem já trabalhei, como orientadora e formadora.

À Genildes, que também é Ana, minhas filhas, Mônica e Janaína, meus pais Antônio e Assunta, e à Lais e Diamantino, a possibilidade de realizar este livro.

Meu profundo reconhecimento à Profª Drª Ecleide C. Furlanetto: algumas pessoas "olham" dentro das outras e apostam naquilo que vêem. Com isso ajudam-nas a dar o que têm de melhor. Você é uma delas.

Sobre a autora

- Pedagoga pela Faculdade de Pedagogia, Ciências e Letras de São José do Rio Preto;
- Psicopedagoga pela Escola de Psicopedagogia de Buenos Aires – Argentina;
- Educadora – Psicologia Simbólica pela Sociedade Brasileira de Psicologia Analítica;
- Mestre em Educação pela Universidade Cidade de São Paulo – UNICID;
- Orientadora pedagógica do Colégio de aplicação da USP;
- Coordenadora pedagógica do Colégio Galileu Galilei de São Paulo;
- Assessora educacional das Escolas Municipais de São Sebastião em São Paulo;
- Consultora técnica do Instituto Paradigma/ABAED.

Sumário

Índice, 7

Prefácio, 11

Apresentação, 15

1. A busca do mito pessoal, 17
    1.1. A trajetória falando por si mesma, 19
    1.2. (Re) encontrando minha formação como aluna, 23
    1.3. No exercício de professorar, mesmo sem estar "formada", 33
    1.4. A professora na Universidade, 37
    1.5. O papel da pedagoga e o período ditatorial, 40
    1.6. Nas funções de orientação pedagógica/educacional e coordenadora de escola, 43

1.7. O encontro com JUNG: autorizando - me a ser formadora, 45
1.8. A pesquisadora, 49

2. Pesquisa interdisciplinar, 55
2.1. As imagens ou metáforas de minha tese: o quebra-cabeça e a mandala, 56

3. Formação de professores e professoras, 61
3.1. A formação e suas dimensões, 67
3.2. O grande desafio de formar o adulto-professor, 70
3.3. O formador: quem pode ser mestre ou interlocutor?, 73
3.4. A formação continuada, 77

4. A contribuição da Psicologia Analítica na compreensão do sujeito contemporâneo, 91
4.1. Algumas contribuições pautadas nos referenciais junguianos, 97
4.2. O mito e sua função na atualidade, 104
4.3. O mito do herói, 113
4.4. O herói do mito, 120

5. A autoformação e a Individuação, 125

6. Projetos de formação de professores, 131
6.1. O desenrolar do processo de formação continuada, 163

6.2. Considerações gerais sobre os projetos de formação analisados, 178

7. Uma conclusão temporária, 185

Referências bibliográficas, 191

Prefácio

Tenho acompanhado a trajetória de Ayéres Brandão e reconheço que estar a seu lado tem sido um privilégio. Sua amorosidade e seu compromisso com a Educação impregnam seus atos pedagógicos, possibilitando o surgimento de espaços seguros e fecundos de aprendizagem.

Ser sua interlocutora no processo de pesquisa que resultou neste livro, configurou-se como uma nova oportunidade de aprendizagem. Ver sua prática recuperada e refletida proporcionou-me uma grande alegria, pois, além daqueles que estiveram a seu lado, outros educadores poderão compartilhar de sua sabedoria pedagógica.

Seu percurso investigativo mostrou-nos que se tornar professor implica, não só a aquisição de conhecimentos técnicos, mas demanda a realização de atos heróicos. Ela nos fala de encontros, desencontros, desejos, medos e sonhos, que, ao serem reconhecidos e acolhidos, possibilitam aos professores atender o chamado existencial e descobrir sentidos para sua vida pessoal e profissional.

Ayéres explorou as dimensões simbólicas que envolvem os processos investigativos e formativos. Para isso, apoiou-se em metáforas e símbolos. Referiu-se, inicialmente, à possibilidade de realizar uma pesquisa "quebra-cabeça", que coloca o pesquisador frente ao desafio de juntar peças para descobrir o desenho que elas possibilitam construir. Tarefa que pode ser repetida por qualquer um que disponha de recursos para isso. A ciência moderna nos estimulou a produzir conhecimento, desta forma, valorizou a distância entre pesquisador e objeto de sua pesquisa e afirmando que os métodos ao serem repetidos, possibilitariam colher os mesmos resultados.

No entanto, Ayéres ousou experimentar outras maneiras de pesquisar e, para falar desse novo caminho, aproximou-nos da figura de um monge que, silenciosamente, confecciona uma mandala que não fala de repetições, mas diz de movimentos singulares e produções únicas. Ao finalizar seu desenho, que não poderá mais ser repetido, ele saberá mais de si, de seus sonhos e possibilidades. Ela nos remete, assim, a outros tempos nos quais os sujeitos, além de sua razão, podem explorar e apropriar-se de outras dimensões psíquicas, desconsideradas pelo iluminismo. Imaginar, sonhar, intuir e emocionar-se, atualmente, passam a ser funções aceitas e até estimuladas nos processos de produção do conhecimento.

Colorindo suas palavras com as tintas da emoção, ela vai delineando seu texto-mandala. Os tons iniciais são recolhidos de sua trajetória. Para isso, revisita seu passado e vai, pouco a pouco, desvelando como foi constituindo-se como educadora. Em seu relato, sentimos a força e a ousadia de uma professora que transforma os acontecimentos, as brechas e os contratempos em tempos de construção e transcendência. Ela reafirma que as matrizes pedagógicas dos professores são forjadas, não só nos bancos escolares, mas, sobretudo, nas interações que eles estabelecem com seu mundo interno e com o mundo que os rodeia, provocadoras de novos sentidos.

Ao se reencontrar com o Arquétipo do Herói, estabelece uma parceria importante que a auxilia na leitura de outros processos de formação. Sua escrita ganha um colorido mais vibrante e revela a presença desse arquétipo nos momentos de luta que se transformam em aprendizagens significativas. Descobre que ainda o invoca quando se exerce como Formadora e sua constelação possibilita a ruptura com possíveis destinos desprovidos de significado.

Descreve algumas experiências que viveu como formadora, buscando analisar os movimentos vividos por outros professores nos processos de formação. Vai pontuando a importância da autoria, da liberdade para pensar, intuir, sentir e fazer para que possam ocorrer mudanças nas práticas pedagógicas dos professores e reafirma que entrar em contato com o chamado que encaminha para ser professor possibilita que cada mestre assuma seus processos de autoformação.

Ao traçar seus movimentos e ao captar os movimentos de outros educadores, ela não nos oferece modelos, mas, sim, estimula que desenhemos nossas próprias mandalas de formação.

Ecleide Cunico Furlanetto
Professora do Programa de Mestrado em
Educação da Universidade Cidade de São Paulo

Apresentação

Certas obras de arte precisam de apenas alguns segundos para que nosso olhar seja capturado e ali permaneça. Não por serem grandes e ocuparem muito espaço em uma exposição, mas porque encerram uma verdade inexplicável que hipnotiza.

Observo que o mesmo se verifica em meu trabalho de formação de professores ao ouvir suas histórias de vida. Percebo que são trajetórias feitas de movimentos de renovação, que se constituem em uma busca de sentido para suas docências. Assim, este trabalho nasce de meu olhar capturado por essas transformações.

Não interpreto os movimentos de renovação dos professores, como simples mudanças, porque nem sempre há metas conscientes a atingir. Noto que os mesmos impelem os docentes para além do que são, do que desejam ser, buscando serem eles mesmos.

Em sua obra grandiosa, Jung aponta que nós, seres humanos, somos diferentes dos outros animais, não suportamos apenas o fato de ser, buscamos ser nós mesmos. Ao nos aproximarmos desse momento, já não precisamos tanto da aprovação dos outros, mas desejamos que a vida faça sentido para nós.

Se nos consideramos indivíduos exclusivos, singulares, então, não pode haver referência possível. Os professores que tivemos – nossas "matrizes pedagógicas" – e outros modelos culturais nos inspiram. Mas, precisamos construir nosso caminho como autores, e é hora de tomar nossa vida nas mãos para lhe dar "nossa cara". Isto implica riscos, apostas, equívocos, porém, não existe outra saída para descobrir quem somos, quem é nosso mito pessoal, qual é nosso poder.

A abordagem interdisciplinar favoreceu a configuração de um caminho singular de pesquisa que articulou o resgate de minha experiência como formadora com a análise dos movimentos desencadeados nos espaços de formação, que coordenei.

Com este estudo, assumo a intenção de provocar um novo pensar a respeito dos projetos de formação, contribuindo para que professores possam conectar-se com seus mitos pessoais na transformação de suas práticas e de si mesmos.

1. A busca do mito pessoal

Perguntei a mim mesmo: Que mito você está vivendo? E descobri que não sabia. Por isso...decidi conhecer o "meu" mito e considerei esta como a maior das tarefas... Eu, simplesmente, tinha de saber que mito inconsciente ou pré-consciente estava me moldando.

C. G. JUNG

Em a Interpretação dos Contos de Fada, Von France (1990) narra que havia um costume entre os aborígines australianos: quando o arroz não estava crescendo bem, as mulheres iam aos campos onde estavam plantados, abaixavam-se e contavam ao arrozal o mito da origem do arroz. Então este ficava sabendo porque estava ali e punha-se a crescer rapidamente.

Como o arrozal, se nós compreendermos nossas razões de viver, se retomarmos nosso mito, ganharemos energia, potencializaremos nossa disposição de vida. O mitólogo Campbell (1990,1998) referia-se a essa força extraordinária que existe em nossa história de vida, pois ela realiza o mito do herói que cumprimos inconscientemente. Isto porque, para nós, não basta que nossa vida tenha a aprovação dos outros, é preciso que ela faça sentido para nós mesmos.

Para tomarmos consciência do mito que estamos vivendo, torna-se necessário rever nossas vidas e tecer-lhes perguntas. Ele, então, será um eixo de sentimentos, valores e intenções que direcionará e motivará nossos pensamentos e ações. Sem consciência dos roteiros, dos mitos que sobrevivem por nossa causa, pouco poderemos fazer a não ser repetir as vidas de outros indivíduos (Sam Keen, 2002).

Pela descoberta de nosso mito, entramos em contato com nossos impulsos criativos, assim podemos viver uma vida mais plena, porque eles alargam o contexto de nossa existência e integram essa compreensão dentro de nós. Por sua capacidade de falar de nós mesmos, podem nos transformar e vincular a nossos semelhantes presentes ou passados. E sugerir que uma história maior está em ação, uma história que apoiará nossas preocupações fundamentais e nos conduzirá na direção que precisamos tomar.

Resgatar a trajetória de minha vida inserida em meu itinerário profissional, propiciou-me entrar em contato com a importância de ser professor. Sinto uma vinculação com a ordem maior das coisas conforme estou comprometida com os movimentos de transformação educacional. Sinto uma preocupação central em relação à população mais pobre de nosso País que, mesmo freqüentando escolas, encontra poucas oportunidades de viver com qualidade. No entanto, percebemos que, sem escolas, suas chances, inclusive, de sobrevivência, serão menores. Nessa perspectiva, os professores são essenciais, e é essa consciência que permeia meu sentido de ser professora.

Permitir aflorar pelo relato escrito "esse sentido" não foi fácil. Em um primeiro momento, a consciência trazia-me a questão dos limites do que escrever mas, por outro lado, o tempo cronológico, tão patriarcal e autoritário, parecia querer encolher diante do dia repleto de trabalho, da indecisão do que priorizar diante de tantos estímulos e lembranças...

Aos poucos, o continuar escrevendo, trouxe-me as inquietações mais veladas, não tão conscientes: – o que estou escrevendo é mesmo importante? – Minha experiência tem algum sentido, a não ser para mim? Vale a pena registrá-la? Visceralmente, regurgitava em mim uma conhecida sensação de impotência e insignificância. Em outras palavras, a sensação era do corpo sem pele, à vista, em carne viva. Sentia-me exposta em minhas resistências, conflitos, e medos. As feridas, as cicatrizes, as alegrias – estas marcas todas de meu trajeto de formação, retomavam, pedindo que fossem acolhidas para poderem ser integradas.

1.1. A trajetória falando por si mesma

Homero, poeta grego, autor do famoso poema – a Odisséia, narra as aventuras de Ulisses ao voltar para sua pátria, depois da tomada de Tróia. Trata-se como tantas outras de uma jornada típica do herói, que tem algo de extraordinário, pois passa-se no mar, local pouco conhecido pelos gregos.

Este povo, segundo descrição do poeta, era apegado à terra e quando desceu das regiões do norte asiático, ignorava tudo sobre o mar. Parece até que, em sua língua não havia o termo que o designasse. Mas, o mar solicitou-os de todos os lados; e, nessa nova região, foi insinuando-se em uma geografia de inúmeros lagos, ilhas, pequenos golfos e baías.

Como os gregos, também tenho a sensação de não encontrar termos para falar de minha jornada. Tropeço nas palavras conhecidas que parecem não erguer o mastro e soltar as velas de minha imaginação que soa contraditória, plena de ambigüidade porque não sabe definir as transformações vivenciadas, não consegue expressar as escalas forçadas que fiz e a ancoragem sempre provisória. O que posso relatar de minha história que me permitirá compreender, trazer mais consciência a meu itinerário de formação? Quais as pessoas significativas que caminharam alguns percursos comigo? Quais os fatos decisórios, minhas "cenas temidas", meus desejos? Tento (re) encontrar minha própria formação, como o viajante que tece vagarosamente palavras ganhadoras de sentido.

Como Ulisses tento responder aos apelos do mar, do mar de sentimentos que inunda minha memória, forjando um diálogo. É como se apanhasse um caderno antigo, guardado em uma gaveta e olhando folha por folha, fosse tirando dobras, desamassando cantos e alisando pregas. A primeira imagem que vem é um fogão de lenha onde em uma de suas bocas sempre ficava um caldeirão preto de ferro com água quente; em sua parte mais baixa, eu colocava duas bacias – uma com água quente para lavar os pratos, talheres e panelas (precisava ser quente para tirar a gordura dos objetos) e uma com água fria, limpa para enxagüá-los.

À medida que lavava os "trens", cobria o caldeirão com uma tampa rasa e ali colocava o livro para estudar. Assim, fiz todo o ginásio, hoje, ensino fundamental de 5ª a 8ª série. Minha mãe sempre "inventando" mais trabalho... Pressuponho que imaginava que, desse modo, eu desistiria, pois era contrária à idéia de estudar os filhos, como queria meu pai.

"Filho que estuda não gosta mais dos pais. Fica diferente. Não pertence mais ao seu universo de interesses e crenças. Se aliena dessa realidade. Perde as raízes. Se vende para um outro mundo. Deixa de gostar dos pais. Passa para um outro lado. Ouve um outro chamado que não é mais o dos pais", são pensamentos que vêm à memória, que inventei, para traduzir os sentimentos que, certamente, povoavam o coração e a mente de minha mãe.

O que ela realmente temia? Medo de perder o amor dos filhos? De nos perder como filhos, conforme nos distanciássemos dos valores que sustentavam seu mundo? Intuo que o seu medo, também, transita ainda hoje em muitas famílias. O "perigo" de aprender não era destituído da realidade – naquela época como hoje, reflete-se no mundo a nosso redor. No mito da expulsão do paraíso, Adão e Eva perdem a inocência e o paraíso, entram em contato com suas finitudes e precisam criarem-se, novamente, agora com consciência.

Por certo, minha mãe percebera pela formação institucionalizada que as pessoas "estudadas" apropriavam-se de um conhecimento que estimulava a arrogância, a separação e o desamor. Assim, após completarem os estudos, os filhos ao contrário de desenvolverem a gratidão, a generosidade, respondiam aos pais com o descaso, incompreensão e isolamento. Saber mais, ter conhecimentos, significava possuir mais que os outros e, portanto, poder desprezá-los? Não deveria ser o inverso? (pergunto) – tornar-se mais humano, mais compreensível com o outro, enxergá-lo, ouvi-lo de um lugar mais permeado de compreensão, de amorosidade e empatia?

O que acontece em nossa cultura para que o conhecimento, o conteúdo básico da formação das pessoas seja sinônimo de um bem que se acumula, que se tem, não perpassa o nível do ser, não impregna nossas ações, nem nossa forma de ver o mundo e lidar com as pessoas?

Na verdade, tornar-se um ser humano melhor é uma preocupação quase estranha para nossos sistemas de educação. Atender ao desejo de exercer-se mais amorosamente, focalizando o desenvolvimento das qualidades humanas e valores que mais nos unam como seres humanos, são vistos hoje como incumbência da religião.

Minhas primeiras escolas situavam-se em Tabapuã, uma cidadezinha no interior do Estado de São Paulo, eram escolas pequenas, quase anônimas na imensa cartografia desse mundo, mas, constituíam o centro de meu universo.

Muito cedo tomei consciência de que se não estudasse (o que privilegiadamente coincidia com meu prazer de ler e estudar) meu destino seria o de muitas mulheres da região – ser empregada doméstica das sírias ricas da cidade, como foram minhas irmãs mais velhas.

Escola... livro... professor... foram constituindo-se em minha infância como entidades sagradas. A escola confirmou-me como pessoa, deu-me legitimidade de sujeito diferenciado entre os muitos viajantes que a freqüentavam.

1.2. (Re)encontrando minha formação como aluna

Ao resgatar minha trajetória profissional e de vida, vou intuindo que durante muito tempo a escola buscou mesmo que de modo disfarçado, um sujeito sem emoções nem desejos, enfim, sem subjetividade. Se esta era a busca, muito de seu esforço consistia em conformar situações para que esse indivíduo, assim, se desenvolvesse.

Lançando mão dos registros de minhas primeiras escolas, no período de 1950 para 1960, esta idéia confirma-se e começa a deixar de ser uma simples intuição. São lembranças registradas, toda vez que as retomo, novas descobertas parecem brotar, como se tais reminiscências se compusessem incessantemente. Refazem rotas de sentimentos interrompidos, de pensamentos desbotados no tempo que parecem estar limpando um terreno para permitir que algo novo possa surgir.

Este registro exigiu que fosse ao fundo do baú de minh'alma e procurasse jóias muito preciosas – as lembranças que são só minhas, as recordações armazenadas que me colocam frente a frente comigo mesma e testemunham-me como pessoa única. Com elas, toco no que tenho de mais profundo, acaricio as muitas pessoas que sou e as que descubro entre as dobras de minha consciência. Isso me proporciona uma acolhedora e confortável sensação – expulso os demônios que surrupiam minha alegria e defronto-me com a pessoa que venho conhecendo, há tempo, porém agora desejo olhar mais de perto.

Proibições

Na 1ª série do grupo escolar (hoje Escola Fundamental), o diretor, professor Oscarlino ("que Deus o tenha") proibiu o uso de borracha na sala de aula, entre outras medidas. Vez por outra, nesses anos de experiência em escolas, observo alguém usando o mesmo raciocínio para o lixo: se os alunos não tiverem onde jogar, não produzirão o lixo, isto é, reprimirão sua produção. Que raciocínio esdrúxulo! Autoritário!

Pois bem, podemos imaginar como se multiplicaram as cópias na escola! Não poder apagar em um 1º ano, significava copiar para não errar. Quão longe estávamos da luta atual para as crianças arriscarem-se na construção de seus textos, expressando-se o mais amplamente possível!

Entretanto, desejo relatar outra proibição, cujas conseqüências foram mais profundas. O diretor Oscarlino, também não permitia que andássemos ou saíssemos do lugar quando o primeiro sinal era tocado à entrada do período escolar. Todos os alunos e alunas precisavam ficar parados, como quando se brinca de "estátua". Só que isto não me significava brincadeira, pois levava muito a sério tal norma e receava perder o controle de parar. Era tão horrível e repressor! Por ser uma aluna obediente "contida", sonhava muitas noites, noites sem conta que não conseguia ficar em pé e caía, imobilizada e sem respirar.

Hoje, ainda, visualizo esse senhor, andando entre nós, alunos. Fazia-se um silêncio profundo, ouvia-se o rufar do vento nas árvores do pátio. Ele passava por nós, como um general vistoriando os soldados perfilados. Meu coração e, por certo, o das muitas crianças que ali estudavam, batia forte como se quisesse sair garganta fora, e só se normalizava quando o segundo sinal tocava e íamos à fila, aluno atrás de aluno, em absoluta ordem e entrávamos na sala de aula.

Em meu sonho, eu não agüentava ficar tão imóvel, caía e era levada à diretoria; na realidade, nunca fui para lá. Não sei o que de fato acontecia ali com aqueles alúnos, quando para lá eram levados. Apenas sei que todos temiam a sala do diretor.

Nas escolas, ainda hoje, muitos diretores impõem-se por força do cargo que os instituiu, isto é, pelo recurso do poder e pouco de sua autoridade que vem da liderança que exercem. Em uma escola, a autoridade representa um valor fundamental, porque garante a liberdade e o direito de aprender daqueles que ali transitam. O diretor que não encontra espaços de gestão nas escolas para desenvolver sua sensibilidade, por meio de discussões, estudo, diálogos, acaba respondendo defensivamente como o senhor Oscarlino que, por certo, precisava controlar tanto, porque muitas pessoas talvez tenham mandado nele.

Quando diretores e professores podem sair das representações sociais anacrônicas, que têm de seus papéis e funções, e abrem espaços nas escolas para a convivência da alteridade, discutem suas dúvidas, medos, angústias encontram possibilidades de saber que outros companheiros também têm sentimentos semelhantes. No momento que relatam ao grupo, este lhe dá identidade, legitima o que faz e pode trabalhar suas raivas, liberar suas energias e chegar mais perto de seu inconsciente, como ensina Jung.

Dona Zazá

Zazá evoca, talvez, a música carnavalesca ("cadê Zazá, Zazá...") uma pessoa alegre, livre, de bem com a vida.

No 2º ano do ensino fundamental, minha professora era Zazá, pessoa muito especial. Parecia recém-saída de um conto de fadas, sempre rindo, falava com as mãos, cheia de cor, aparentava menos idade. Nela o que havia de especial, é que se mostrava feliz ao lidar com o alunado. Nunca a vi reclamando dos alunos; era lúdica em si mesmo, como se estivesse vivenciando com a classe uma grande aventura para que nos sentíssemos felizes.

Outubro! Mês das crianças! Levou-nos a um sítio próximo da cidade e fizemos um piquenique. Lembro das cestas de piquenique nas quais arrumara os lanches. Poder andar entre as árvores com os colegas, brincar de pique, correr, era diferente da vida na escola. Que maravilha! O melhor da história foi que levou duas latas de goiabada e ofereceu um pedaço do doce para cada aluno. Que doce mais doce! Hoje, quando encontro goiabada, tenho vontade de experimentar, mas o gosto não é o mesmo. Falta alguma coisa...

O gosto da goiabada não pode mais ser encontrado, porque continha o sabor do momento, do aconchego da professora e o frescor da liberdade, como no conto "Omeletes de amora" do Walter Benjamim (1987), também se entrelaça às relações que a professora Zazá construía com os alunos. Seu bom humor, seu riso fácil (mesmo diante de nossas confusões), não nos dizia que tínhamos de estudar para ser alguém, para vencer na vida, mas, nos fazia acreditar que tínhamos alguma importância, que a vida era boa e não precisávamos ter medo de crescer. Ela com seu jeito de ser, testemunhava para nós, como era bom, tornar-se adulto!

Aula de economia doméstica

Fiz a 5ª série em uma escola particular na cidade próxima da minha. Ganhei uma bolsa de estudos, após ter prestado um exame. Dois anos depois, com a criação do ginásio estadual em minha cidade, voltei para cursar as 7ª e 8ª séries do ensino fundamental.

Na escola particular, havia aulas de economia doméstica no currículo e providenciávamos os materiais solicitados pela professora, esposa do diretor, dono da escola. Embora não pagasse a mensalidade, precisava arcar com as despesas do ônibus que me levava de uma cidade a outra e, ainda, comprar o material escolar, trazia-me grandes sacrifícios. Certa vez, vi que meu irmão mais velho tinha um caderno de cartografia com apenas algumas folhas usadas, arranquei-as e o levei como parte do material pedido. A professora olhou o caderno com ar de desprezo e repetiu em voz alta que não queria aquele caderno de folhas amareladas, velhas, que eu deveria trazer um novo na próxima aula.

Isto foi à frente de toda a classe, em uma escola de crianças ricas e outras que só podiam estudar ali graças às bolsas de estudo. Não chorei, mas o coração doeu muito. Na época, os cadernos eram caros, os lápis de cores, de cores tão lindas custavam muito... Tudo era difícil. Eu, sem sombra de dúvida, não me sentia fazendo parte do mundo daquela professora rica, bem-arrumada e insensível...

Em sala de aula, um professor atento aos apelos que, na maioria das vezes, não são verbais, pode minimizar a exclusão. A professora de economia doméstica não pôde incluir minha atitude de economia, observa-se então que a não-inclusão escolar pode ocorrer de várias formas, sobretudo, quando a escola não percebe a diferença como parte de si mesma.

Pela minha experiência de formadora, muitos professores e professoras relataram sentimentos e localizaram situações concretas em que foram excluídos. Relembrar a experiência e recriá-la no grupo de companheiros com histórias próximas, ajuda a re-significá-las, dando um outro sentido ao que se verificou no passado. Estes profissionais faziam questão de contar que se colocavam muito atentos para não reproduzirem a mesma situação com os atuais alunos.

> *Sem descuidar dos conteúdos, é possível que uma sala seja a oportunidade ímpar de se ultrapassar os conteúdos. Um bom filósofo já perguntava certa vez: para que serve um livro se não for capaz de nos transportar além dos livros? Eu arremataria: para que serve uma sala de aula se não for capaz de nos transportar além da sala de aula? (Novaski, 1986, p.36)*

Aprender a estudar: a grande descoberta da 7ª série

Minha 7ª série aconteceu em clima de muita felicidade, voltei a estudar em minha cidade numa classe de poucos alunos. Provavelmente, duas dezenas de estudantes estavam retornando à comunidade de origem. Fiz amizades com jovens de minha terra e as conservo ainda hoje.

Nesta série, muitos professores da recém-criada escola eram meus conterrâneos. Mas o de História tinha vindo de outra localidade, parecia mais culto e conseguia manter uma boa relação com seus alunos. A cada aula, solicitava como tarefa, um quadro sinótico, um resumo do assunto que havíamos acabado de estudar em classe.

Isso me proporcionou momentos de prazer e mostrou que podia aprender independente do professor, que era capaz de entender o que lia. Assim, aprendi a estudar, pois varria todo o texto do livro articulando as idéias. Sentia que fechava a gestalt do texto e tornava-o meu.

Era como se tomasse um fortificante, um elixir de coragem, de segurança, pois compreendia, aprendera a estudar, pensar e refletir. Tinha descoberto a chave de como procurar o conhecimento, eu já podia saber por conta própria.

Percebo que, na passagem para a puberdade, de maneira geral, já não é mais só o afeto o eixo da relação com o professor. Deseja-se um mestre que nos entenda e nos ensine a estudar. Talvez esse tivesse um projeto, que fosse fundamental a todo formador – um meio de encaminhar seus alunos para a autonomia intelectual.

Por que registrar essas memórias? Pergunto-me encabulada, após tê-las colocado no papel. Registradas, acredito, posso com elas (re) viver o que senti na época e investigar o que delas reconheço agora.

Como uma melodia, cuja beleza não se esgota, quando de sua audição posso voltar sempre a essas memórias e descobrir um aspecto novo de mim mesma e das próprias escolas.

Importa lembrá-las para me posicionar no presente. Não para o queixume, porém, para que gerem um potencial de transformação possibilitador de escolas diferentes. Para que a escola brasileira, que eu como formadora, estou ajudando a gestar, possa ser primeiramente um direito de todos os brasileiros e como direito concretize-se, produzindo espaços ao desenvolvimento de alunos e alunas mais autônomos, criativos e felizes.

Estes acontecimentos estão longínquos no tempo, mas são matrizes das práticas que se fazem presentes em minha ação, sustentando concepções e reflexões. As memórias vão cerzindo minha postura de formadora, como cita Furlanetto (2001, p. 6):

> As professoras e os professores parecem seguir um eixo próprio de formação, incluindo, no seu processo experiências e vivências que decorrem de escolhas pessoais. Observando a trajetória de alguns deles, pude perceber que pareciam possuir

> *um professor interno, uma base da qual ema-*
> *navam suas ações pedagógicas, que não repre-*
> *sentava somente a síntese de seus aprendizados*
> *teóricos, mas também de suas experiências cultu-*
> *rais vividas a partir do lugar de quem aprende.*

O que importa não é a lembrança dessas ocorrências que, de forma alguma, pode ser vista como "fidedigna" ao que aconteceu de fato. O que ficou e faz parte de minha vida, é o sentido de tudo aquilo, o significado que atribuí ao que penso ter ocorrido.

Como no texto Identidade Profissional dos Professores, de Carrolo (1997), fui formando-me professora, definindo-me como professora, apoiada em como achava que devia ser aquele ou aquela que ensina.

Atualmente, sou consciente de ter vivenciado conflitos e dilemas próprios de cada situação de minha trajetória, o que o autor português chama de processo identitário. À medida que essas situações ganham permissão para se tornarem pensáveis e repensáveis, possibilitam-me historiá-las, construindo um tecido autobiográfico.

Aos poucos, fui interpretando os padrões de comportamento dos alunos, inferindo sobre o que esperavam de mim, da escola e do ensino para ajustar a essas expectativas meu agir de professora. Apropriei-me do sentido de minha história pessoal e profissional, que se casam ininterruptamente. Fui desenvolvendo a capacidade de exercer com autonomia os comportamentos de ensino em sala de aula. Fui construindo minha maneira de ser e estar nesta profissão.

Sei que este é um processo no qual continuo descobrindo minha singularidade, minha diferença de tantos outros professores e professoras, enfim, minha marca de professora. Algo permanece nesse "formando-me", que posso dizer que constitui meu estilo de ser professora e isso vai desdobrando-se, ampliando e tornando-se vetor de minha própria formação.

1.3. No exercício de professorar, mesmo sem estar "formada"

Década de 1960, interior do Estado de São Paulo. De memória, vem o rosto de Juscelino Kubitschek sorrindo, cartão postal de um País de muitas esperanças. Governando o Brasil de 1956 a 1961, Kubitschek inaugurou Brasília, construída pelos candangos, em sua grande maioria nordestinos, que deixaram suas terras de origem em busca de novas possibilidades de trabalho.

O presidente imprimiu um ritmo moderno e dinâmico à administração pública, soube constituir um governo estável, e do ponto de vista liberal permitiu alto grau de liberdade política e de expressão. O binômio energia e transportes e a construção da nova capital no Planalto Central, uma aspiração já expressa na Constituição de 1891, constituíram a base de sua administração.

Tomou medidas desenvolvimentistas estabelecidas no famoso Plano de Metas, considerado o primeiro plano global de desenvolvimento da economia brasileira.

Ofereceu facilidades às empresas estrangeiras do setor automobilístico e construiu hidrelétricas. Abriu estradas e grandes rodovias, como a Belém-Brasília, assim como expandiu a indústria de aço e construção civil.

De acordo com Edgar Carone (1980), Kubitschek procurou desenvolver o País, mas a inflação tornou-se cada vez mais galopante e, em seu governo, as camadas populares continuaram excluídas de participação nos processos de decisão.

Havia pobreza em minha cidade? Havia. Na minha família não contávamos com dinheiro, mas, os mais pobres de minha terra tinham mandioca, milho para comer, restos da matança de gado, alguma fruta à beira da estrada. Não havia ainda ouvido falar de favela nem crianças de rua.

Comecei minha vida de professora dando aulas particulares como preparação para o exame de admissão ao ginásio (hoje 5ª série do fundamental) e depois para o curso normal (magistério).

Depois de aprovada nesses exames, era solicitada para preparar outros alunos. O que me movia a fazer isso? De um lado a possibilidade de pagar o ônibus que me levava até a cidade onde estudava, mas, também, gostava do que fazia, dos alunos e alunas.

Embora mostrasse empenho e seriedade, talvez esse meu fazer soasse como as brincadeiras de escolinha, que se brinca quando somos pequenos. Deveria ter algo de lúdico, um jogo de pensar junto, conferir alguma descoberta, alguma verdade que ainda persiste em mim até hoje. Na verdade, precisei ser adulta muito cedo, e esse trabalho possuía algum entremeio de brincadeira. Não soava como um dever que me fizesse reclamar, sofrer.

Neste início de carreira, a grande vantagem foi a não existência da burocracia escolar de provas e notas para cuidar. Meu objetivo era que os alunos passassem nos exames e, intuitivamente, fazia com eles algum contrato de estudo; envolvia-me e cuidava de estudar a programação pedida nos exames. Ensaiava em casa como lhes explicar de forma clara. Dava tarefas de casa. Exigia. Estimulava não como um procedimento de motivação encontrado na didática prescrita por Comênius, mas, porque espelhava minha própria busca.

A diferença de idade entre eu e os alunos e alunas não era grande, não se impunha distância de tratamento, o que facilitava que me atendessem. Por outro lado, queria fazer bonito em minha cidade, queria ser vista como alguém que ensinava e não uma disciplinadora. Lembro que isto acontecia em uma sala pequena, pertencente à Casa da Lavoura da cidade, composta de algumas carteiras e quadro-negro.

Por mais que force a memória, não me recordo de problemas ligados à disciplina, pois além da mãe vir falar comigo (raramente era um pai), o aluno ou aluna precisava primeiro explicar por quais razões ele ou ela precisava de minhas aulas. De modo intuitivo, eu puxava esse fio de responsabilidade durante o tempo de estudo, queria que o aluno dissesse para o grupo o que tinha aprendido, para que fosse responsabilizando-se por aprender.

Os conflitos e dilemas da época

Alguns meninos eram considerados indisciplinados na escola da cidade e já tinham a fama espalhada. Sentia medo que não me respeitassem, que badernassem na aula. Isto não acontecia, talvez, porque os tratasse com respeito, sem sermões e por fazer que participassem das aulas. Perguntava e trabalhava com as respostas deles até chegarem a organizar melhor o pensamento. Isto (depoimento desses alunos mais tarde) fazia com que percebessem meu interesse por eles, para que aprendessem pois não me sentia centrada na autoridade de minha pessoa ou nos conteúdos ensinados.

Na época, não me lembro de refletir sobre minha própria ação. Na verdade, meus conflitos não eram como ensinar os conhecimentos, porém aqueles provenientes das relações. Como fazer vínculos? Como ter autoridade em sala de aula, já que possuía a mesma idade dos alunos? Ao mesmo tempo, sentia um medo grande de me apaixonar por algum desses meninos. Certos alunos gozavam da fama de indisciplinados, bagunceiros; com freqüencia eram suspensos das aulas, entretanto, eu os via de forma diferente em minha sala. Geralmente não faziam tarefa, mas, compreendiam o que lhes era ensinado e não só isso, percebiam as incoerências das definições, dos exemplos e apontavam as exceções. Era difícil não me encantar com eles (mais tarde, vou reencontrá-los nas pesquisas psicopedagógicas), muitas vezes, eram considerados fracassos escolares, mas na verdade, constituíam fracassos do ensino que vigorava (não vigora mais?) nas escolas da época.

1.4. A professora na Universidade

No ano de 1961, Jânio Quadros assume a Presidência da República e após sofrer forte oposição no Congresso, renuncia antes de completar sete meses de governo. Em setembro do mesmo ano, João Goulart toma posse e adota o regime parlamentarista, mas em um plebiscito em 1963, verifica-se a volta do regime presidencialista.

Adota algumas medidas de restrição às facilidades, que haviam sido oferecidas às empresas estrangeiras e ao monopólio estatal sobre a importação de petróleo e seus derivados, nacionalizando as refinarias de petróleo. Pretende realizar reformas de base que incluíam entre outras medidas, a extensão do voto ao analfabeto e a reforma universitária, assegurando liberdade de ensino.

Em março de 1964, o País conta com alta taxa de inflação, e a perda de popularidade do governo, sobretudo entre a classe média da sociedade, graças à propaganda do segmento conservador da Igreja Católica e das organizações mais reacionárias da nação, para quem o governo de Jango deveria implantar uma república sindicalista, abolindo a propriedade privada, a religião, etc.

Há protestos contra o governo estimulados pela mobilização da Marcha da Família com Deus pela Liberdade, pela conspiração dos governos de São Paulo, Minas Gerais, Guanabara apoiados pelo General Amaury Kruel, comandante do II Exército de São Paulo.

Em 1º de abril de 1964, a Presidência da República é declarada vaga e Jango, alegando querer evitar uma guerra civil e derramamento de sangue, exila-se no Uruguai. Iniciava-se a ditadura militar que vai durar 21 anos.

Nos anos 1960 e 1970, sob um clima de guerra fria, os Estados Unidos, estimularam e apoiaram golpes militares em vários países alinhados com o capitalismo e preocupados com a influência da revolução comunista cubana de 1959. Documentos do Departamento de Estado Norte-Americano há pouco tempo revelados à opinião pública, evidenciaram o grau de participação e envolvimento dos EUA na conspiração e execução do golpe de abril de 1964 no Brasil.

Nesta época, leciono em uma escola primária, hoje fundamental nível I, de zona rural, multisseriada; cada ano em uma fileira, construindo intervalos entre aqueles que resolvem exercícios e os que são atendidos de modo individual.

Participo de um encontro de educadores sobre o método de alfabetização Paulo Freire na Universidade de São Paulo (USP). Ao retornar para minha faculdade, estoura a Revolução de 1964. Sou chamada a depor e perco o emprego. A Universidade (na época Faculdade), funcionava com militares vestidos à paisana, alojados nos corredores e fundos das salas de aula. A moral burguesa e reacionária da cidade vingava-se da Faculdade que não fora capaz de cooptar; durante meses a televisão local explorava situações forjadas de subversão em seus compartimentos.

Passo a lecionar matemática para 5º e 6º anos do ensino fundamental em uma cidade próxima, são alunos e alunas curiosos da vida e profundamente amorosos. Nos intervalos, leio para eles os livros de Michel Quoist (1970). Relaciono-me bem com eles que, de forma freqüente, me presenteiam com lanches porque sabem que chego de ônibus à cidade em cima da hora da aula.

Os alunos que voltam à escola no período em que não estudam, por certo, porque encontram ali mais do que um lugar de ensino. Quando não tenho aulas na faculdade, ensaio teatro, jornal e outras atividades extra-classes com os outros professores, que residem na cidade. Hoje percebo como a remuneração dos professores, naquela época, difere dos dias atuais: os efetivos que vinham de outras localidades, hospedavam-se no melhor hotel da cidade e lecionavam em uma única escola, além de gozarem de valorização social.

Minha ação pedagógica vai sendo construída, como citam Nóvoa (1988,1991) e Furlanetto (2000, 2001) pelas minhas características pessoais, pelas minhas matrizes e pelo percurso de vida profissional que já havia trilhado em um movimento espiral em que ocorre uma apropriação individual que se realiza em interação e confrontação com outros professores.

Minha relação com os alunos é lúdica e afetiva. Participo com outros professores de uma intensa vida cultural na escola, ficamos o dia todo com os alunos. Há um desejo profundo de deixar nossas marcas nos alunos e intervir nos destinos do País. Tememos o que poderá acontecer conosco e com eles.

1.5. O papel da pedagoga e o período ditatorial

Ao me formar em Pedagogia, passei a lecionar nos cursos Normal (Magistério) e Administração Escolar. Este último era à noite, constituído em sua maioria de diretores escolares da cidade, pessoas mais velhas que eu, com mais experiência em educação e na vida.

Nessa situação, sofria bastante, pois não tinha segurança do que e como ensinar. Uma das disciplinas era Educação Comparada, na verdade, possuía alguns livros que tratavam do assunto, porém perdia-me na falta de sentido do que comparar. Não conseguia soltar-me e manter uma conversação sobre o cotidiano dos alunos; aquilo que havia preparado, considerava *à priori* e deveria ser ensinado pontualmente. Preparava as aulas, mas, quando não conseguia datilografar o texto de estudo e rodar no mimeógrafo à tinta (não havia ainda xerox) acabava faltando à aula, com medo de não saber ensinar.

Nesse momento, o Brasil é governado por militares. O golpe de 64 tinha como metas explícitas o controle da inflação, a preservação da democracia e a eliminação da corrupção. Após um período de controle artificial, a inflação disparou, a corrupção parece ter estendido-se até os escalões mais altos do governo e uma cruel ditadura suprimiu a liberdade e os direitos fundamentais dos cidadãos. Cassações e punições constituíram parte essencial da estratégia revolucionária de afastar todos os indivíduos identificados com o antigo regime. Vários atos institucionais deram ao governo militar poderes especiais que não constavam da Constituição.

Na escola, sou do grupo de professores novos, formados em uma instituição considerada subversiva na região. Na época, poucos professores tinham cursado a universidade, no interior do Estado de São Paulo (alguns eram estáveis pela legislação militar e outros de cursos rápidos, como o CADES). O diretor da escola, um coronel reformado, quando discursava, parecia profetizar que tinha a incumbência de salvar o Brasil sozinho. Salvar, inclusive, de nossa má influência e, portanto, vigiava-nos.

No currículo escolar, havia a disciplina imposta por lei, Organização Social e Política do Brasil, mais conhecida por OSPB, que visava a justificar a manutenção do regime militar, considerado mantenedor da ordem. Em muitas escolas, esta matéria determinava a vida escolar. Um exemplo permite conferir esse momento histórico: a aula começava às 7h.30 horas e meia hora depois devíamos descer e cantar com os alunos o Hino Nacional.

No primeiro dia, quando isso ocorreu, estou em plena aula e ouço o hino sendo cantado. Converso com os alunos, convenço e sou convencida de que até descer ao pátio, onde se hasteava a bandeira, a cerimônia já teria terminado. No intervalo, sou punida afrontosamente no livro de ponto e, em papel protocolado, afixado em algumas paredes da escola.

O não cumprimento de uma determinação feita pela disciplina OSPB, por falta de atenção e esquecimento (em nível consciente), deu-me o diagnóstico de subversiva e incitadora de alunos. Preciso fazer aprendizagens rápidas, uma delas é que em cada classe há um aluno da confiança do diretor que deve ser porta-voz de tudo o que ocorre em sala de aula. Inicio uma reflexão necessária sobre o que é educar, a respeito da responsabilidade de quem educa, a questão do que se ensina e quando se ensina...

Por um lado, sou consciente de meu papel de educadora, da importância de fazer pensar, ser politizada, saber sobre a situação do País no momento. Ao mesmo tempo, começo a ter dilemas mais ligados ao ensino propriamente dito. A integração entre teoria e prática aflige-me e, mais ainda, a questão da aplicação do que era ensinado. Tenho a sensação de que os conteúdos ensinados não têm significado aos alunos. Faço discussões em sala de aula, sugiro textos, livros para que os alunos leiam, incentivo a reflexão. Mas, sinto alguma insatisfação: o que será que de fato aqueles alunos gostariam de aprender?

Começo a perceber que as decisões tomadas pelos professores na escola ou em sala de aula não são neutras. Todas têm uma intenção que, muitas vezes, não é consciente, mas, que contemplam implicações profundas. A forma como nos dirigimos aos alunos, como nos relacionamos com eles, como os agrupamos em sala de aula não são decisões feitas ao acaso, independentes e desarticuladas do que se deseja ensinar e do aluno que se pretende formar.

1.6. Nas funções de orientação pedagógica/educacional e coordenadora de escola

Período de 1970 e começo de 1980. Anos difíceis, pois na verdade, durante a ditadura militar, de 1964 a 1985, amplos setores da população, como: políticos, trabalhadores, estudantes, organizações da sociedade civil, etc., opuseram-se ao governo e lutaram contra a repressão e pela defesa dos ideais democráticos. Nesse processo de resistência, de luta contra o regime militar, centenas de pessoas morreram ou desapareceram.

A partir de 1975, crescem as manifestações públicas contra a ditadura militar, contando agora com estudantes, religiosos, populares e operários. Em 1979, a Anistia Geral é aprovada no governo Figueiredo e, a partir de 1983, intensifica-se nos últimos meses, a campanha pelas eleições diretas para Presidente da República. A luta pelas diretas parece ter simbolizado a disposição do povo brasileiro, de forma pacífica de assumir seu próprio destino, repudiando as possíveis tutelagens.

Venho para São Paulo, já com uma filha, sendo aprovada em um concurso para direção de escola estadual. Ingresso e fico apenas seis meses no cargo. Não me encontro com as atribuições da função – o prédio da escola encontra-se em reforma e devo fiscalizar a equipe que trabalha. Acredito não serem essas as funções para as quais estudei e gosto, assim, peço exoneração do cargo.

Começo a exercer a função de orientadora em uma Fundação de Ensino, cujo cargo é orientação de estudos aos alunos, trata-se de uma proposta existente nos ginásios pluricurriculares, que estavam no auge do movimento educacional, ocupando os espaços dos colégios vocacionais, eliminados pela ditadura. Proponho-me a ensinar a estudar, mas, na prática do dia-a-dia os alunos não tinham tempo, para uma aula assegurada no horário, com a orientadora de estudos.

Os professores reclamavam dos alunos indisciplinados e com dificuldade de aprendizagem, o que me leva a começar a fazer o trabalho que hoje cabe aos orientadores pedagógicos e educacionais, isto é, priorizo o trabalho mais direto de interlocução com os professores.

Observo que a mudança de uma função para outra não é considerada fácil, sobretudo, porque orientação pedagógica era tema novo, poucas escolas contavam com esse técnico e, portanto, uma função por se constituir. Por outro lado, era imposta e não sentida como necessidade pelos professores da escola. Assumo o cargo por concurso de provas e títulos, portanto, considerada competente e merecedora, mesmo assim, de início, muitas vezes, questionava-me o que eu tinha a oferecer ao professor, função esta que até então eu exercera.

Oriento alunos, converso com pais, colocando junto o professor. Sou mediadora dessa relação. Crio espaços para que a fala seja verdadeira e construam-se alianças para desenvolver os alunos. Oriento professores com base nesses encontros, tanto em relação aos alunos e alunas como quanto aos planejamentos de ensino.

Vou concluindo que o investimento da escola precisa ser feito no professor, e em sua formação, dentro da própria escola. Percebo que a orientadora educacional ou pedagógica precisa trabalhar com o grupo de professores, criando espaços para que discutam o que pensam e tomem decisões que guardem propósitos e valores coletivos.

Tento conseguir que façam planos de ensino que se esforcem para redigir objetivos (na época baseados nas Taxonomias de Bloom). Incentivo como orientadora os trabalhos em dinâmica de grupo. Estudo a psicogênese da leitura e escrita, procuro entender o que significa Construtivismo, com base nas pesquisas de Emília Ferreiro e Teberosky (1968).

Na época, as escolas particulares abraçam com entusiasmo a informática em seu currículo e fazem disso seu diferencial. Trata-se de um recurso importante, mas, continuo considerando que o grande investimento da escola deve ser nas melhoria das condições de trabalho dos professores (tempo para planejar e discutir juntos, com interlocuções internas e externas) e melhoria salarial. Um professor que recebe um salário digno, melhora sua qualidade de vida e, em decorrência, investe mais em sua autoformação.

1.7. O encontro com JUNG: autorizando-me a ser formadora

Final de 1980, período de 1990 e início de 2000, as primeiras eleições diretas para Presidente da República conservam intactos o poder das oligarquias regionais, dos monopólios e conservam firmes na democracia conquistada a corrupção, um sistema social profundamente atravessado pela desigualdade na distribuição da riqueza, precariedade de ensino, desinformação e violência.

Em 1992, o *impeachment* do presidente Collor, a resistência contra o arbítrio dos planos econômicos, contra os atentados cotidianos aos direitos humanos vão fortalecendo o processo permanente de construção da democracia. A luta por uma democracia que não contemple apenas as ingerências políticas, mas, a economia, a cultura, as relações sociais que sustentarão os novos governos eleitos democraticamente pelo povo.

Enquanto exerço a função de orientadora, passo a dar cursos de formação, fazendo parte de um centro de formação de professores. O fato de planejar os cursos de forma a contemplar prática e subsídios teóricos, buscar estudar, estar atualizada e precisar interpretar o que os professores, que procuravam o centro, necessitavam, contribuiu para uma reflexão mais profunda de minhas ações. Os problemas encontrados, desconfortavam-me, mas, funcionaram como disparador para, mais tarde, investigar de forma mais ampla e comprometida a formação dos professores.

O momento coincide com meu encontro com as idéias de C. G. Jung, com sua visão da "individuação" e com os dinamismos de transformação do ser humano. Sempre fui uma pessoa muito ligada ao mundo onírico, a meus sonhos. Sempre tive sonhos maravilhosos, semelhantes aos contos de fada, com seus mistérios, coloridos com cenários extraordinários, cobertos de brumas e luzes, com castelos e árvores de onde pendiam cachos de esmeraldas e ametistas.

Entretanto, mais que isso, sonhar, lembrar e contar meus sonhos (para Claudete, Ecleide, Rosaly, etc.) sempre foi fonte de muita alegria. Por isso, talvez, eu os levasse tanto em conta. Sempre conversei com meus sonhos. Alguns recorrentes transitavam de época em época em minha vida. Essa ligação profunda com eles talvez tenha encaminhado-me para o encontro com Jung. Não sei quem encontrou quem.

Quando estudei o pensamento junguiano, pude compreender os sonhos como processos espontâneos de aparição dos conteúdos inconscientes. Freud distinguia uma distorção entre o conteúdo manifesto do sonho e seu conteúdo latente, significando que a consciência não podia admitir a mensagem original do sonho, freqüentemente, perturbadora e a travestia para torná-la aceitável, Jung via o sonho como sonho, trazendo em si sua própria significação.

Penso que o conforto a que me referi ao sonhar, deve-se a um conhecimento intuitivo, de que o sonho não era uma "fachada", como se referia Freud, mas, que consciente e inconsciente não se opõe, e o sonho revela esse diálogo complementar entre ambos. Jung costumava explicar que, quanto mais a consciência se abria e ampliava-se sobre o mundo interior, melhor realizava (no psiquismo do indivíduo) um equilíbrio espontâneo e auto-regulador. Canepa, em "(Por) uma educação com Alma" (2000, p. 31), reforça essa idéia quando se refere à educação de crianças "... *a escola precisaria se abrir para ouvir as crianças falarem de suas percepções profundas – as que elas captam diretamente do inconsciente com o qual ainda estão intimamente ligadas*".

Pelo contato das amigas educadoras que freqüentavam a Sociedade de Psicologia Analítica (SBPA), comecei assistindo a cursos e palestras e depois freqüentando por volta de dois anos e meio, um curso mais profundo sobre o pensamento junguiano, credenciado pela SBPA. Constituímos um grupo, coordenado por uma analista junguiana, que estava interessada em estudar Jung, como suporte teórico para nosso trabalho em educação. Isto teve uma influência muito grande em minha visão de mundo. Fascinei-me pela sabedoria de Jung, pelo seu pensamento sempre em evolução – "um poeta da alma", como diz Amnéris Maroni, "um homem à frente de seu tempo".

Um outro encontro marcante na época foi com Alícia Fernández, psicopedagoga argentina, com quem continuo fazendo uma terapia sobre minha aprendizagem e que me autorizo a ser formadora, com outras psicopedagogas.

Se o conhecimento não é algo pronto, mas, algo que se constrói em contato com a realidade, os cursos de formação não podem ser planejados *a priori*, sem a participação efetiva daquele que se deseja formar. Nesse sentido, precisamos atentar para as palavras de Fernández (2000) quando diz que é necessário (...) *abrir um espaço para pensar como pensam o que fazem, em vez de discutir sobre o que fazem* (p. 43.) e a partir daí conjugar esforços para que possam dirigir sua autoformação.

A formação de professores é meu grande foco de interesse, agrada-me trabalhar com equipes de professores que não conheço e vou criando uma sinergia grupal, no qual ensino e aprendo ao mesmo tempo, sendo chamada a pensar com eles, a construir pistas e soluções coletivas.

Algumas questões surgem da interação com esses professores: por que alguns fazem inúmeros cursos, percorrem um itinerário acadêmico e não se transformam? Por que outros, mesmo sem ter acesso a muitos estudos, apresentam movimentos de busca constantes? O que faz com que um professor seja tão articulado politicamente, lançando-se em movimentos de ações partidárias e em sala de aula, apresenta-se como um déspota aos alunos, ignorando suas necessidades? Como a formação pode contemplar o sujeito em sua totalidade, de forma que ele se "afina" por inteiro e não só a elaboração do discurso?

1.8. A pesquisadora

No ano de 2000, procurei o curso de pós-graduação na Universidade da Cidade de São Paulo (UNICID), curso que em outra época já iniciara na Pontifícia Universidade Católica de São Paulo (PUC), interrompendo-o sem chegar à defesa da dissertação. Nesta volta à universidade, sentia-me mais madura nos estudos e com espaços internos para dedicar-me a eles. Além disso, observei que comecei a autorizar-me a escrever esta investigação que está muito articulada com minhas experiências de vida e profissionais.

Senti imensa alegria por poder voltar aos bancos escolares, conviver com educadores de minha idade, mas também banhar-me na juventude dos parceiros mais novos. Foi animador estudar para o curso, ler a bibliografia recomendada, discutir, ter como interlocutores professores que me auxiliavam a confrontar pontos de vista e encontrar diretrizes para meu pensamento. O grupo de pesquisa às terças-feiras, coordenado de ínicio pelas professoras Ecleide e Helena e, posteriormente, Ecleide e Ivani, foi de grande valia para me situar no universo da pesquisa interdisciplinar.

Colocar neste texto outros dilemas e conflitos atuais, não significa que todos os anteriores tenham sido resolvidos, mas que outros se tornaram mais significativos no momento e ou de alguma forma complementaram-se ou passaram a fazer parte dos mais recentes. Conforme envelheço e ganho outras experiências de vida, concluo que o professor-formador é um acompanhante privilegiado que se tem durante alguns tempos em nossa vida. Exerce um papel difícil para auxiliar o outro a fazer seu singular percurso, ao mesmo tempo, em que tenta construir seu próprio caminho. A relação de alteridade, tão necessária nesses encontros, é um desafio dolorido, porque exige o empenho pessoal e intencional nas relações.

Na pós-graduação ao escrever minha trajetória de vida e nela meu percurso profissional, acredito ter descoberto a importância dessa estratégia de formação, porque me fez entrar em contato com o mito de herói que habita em mim.

Ao resgatar, ao retomar minha trajetória profissional, ao olhar com mais profundidade e ao mesmo tempo tomando certa distância do que fui vivenciando com tanta intensidade, percebo que existiu em minha vida um movimento que me fez buscar sempre uma compreensão maior daquilo que fazia como educadora. Um movimento ou uma força imbuída de um vigor espantoso e de extrema vitalidade.

Nos espaços escolares, ocupando o lugar de formadora, percebo os movimentos em alguns professores e professoras, muitas vezes, sedentos de conhecimentos, esforçando-se para revisarem suas práticas, delineando um caminho profissional de mudanças, embora, desacreditados e desvalorizados socialmente, com um salário aviltante frente ao trabalho que fazem, transitando por várias escolas e "chocados", muitas vezes, diante de episódios de violência, colocando em risco a própria de vida. Mas, dentro deles(as), há um herói pedindo para ser resgatado.

Estes movimentos assinalados poderiam ser lidos e abordados sob diferentes pontos de vista, mas, a escolha de um determinado referencial teórico, não se descola da singularidade do pesquisador. Assim, nesta pesquisa interdisciplinar a respeito da Formação Continuada de Professores e Professoras, opto pela Psicologia Analítica e falo daquela força, daquele movimento a que me referi anteriormente, mediada pelo Arquétipo do Herói.

Refletindo sobre esses movimentos que manifestam a mudança nas práticas dos professores, autores consagrados como Nóvoa (1991), Perrenoud (1993, 2000), Zeichner (1993), Schön (1992), Kincheloe (1997), Hargreaves (1998), Zabala (1998) e outros, nos autorizam referir que essas mudanças não são feitas por decretos. A formação inicial e mesmo a contínua ocorrem na ação e nem sempre levam em conta as situações concretas de trabalho desses profissionais, o saber que construíram, fruto de experiências vividas e antes de tudo não se conectam com seus projetos de vida.

Como um projeto de formação continuada pode criar condições para que o professor (a) resgate o herói que vive dentro dele(a), resgate essa força luminosa que lhe permite dar sentido ao que faz?

Como pode ser o desenho de um projeto de formação que não priorize uma determinada dimensão, mas que antes de tudo se conecte de verdade com esse professor(a), não como referente abstrato sobre quem muita literatura se vem fazendo, mas, como pessoa concreta, não só intelecto? Como mobilizar essa força arquetípica que, no caso, poderia constelar-se para dar impulso a um desenvolvimento maior?

Por meio deste trabalho, faço uma (re)leitura de três projetos de formação continuada de professores, coordenados por mim. Investigo como cada um deles poderia potencializar a constelação do arquétipo do herói nesses professores, ampliando-lhes a consciência da importância do ofício que exercem, contribuindo concreta e simbolicamente para a mudança social em nosso País. Esse arquétipo permite falar das trajetórias desses profissionais, como um caminho de enfrentamento, de desafios e de transformações, pelo qual alguns sujeitos vão tornando-se cada vez mais compromissados com seu próprio desenvolvimento

Por outro lado, a pesquisa assume a intenção de provocar um novo pensar sobre os projetos de formação continuada, pautado na investigação de em que medida os professores podem conectar-se com seus mitos pessoais nos processos formativos.

2. Pesquisa interdisciplinar

Este estudo busca compreender como os professores podem conectar-se com seus mitos pessoais nos processos formativos. Para poder responder a esta questão, fui buscar referências teóricas que me auxiliassem situar uma pesquisa interdisciplinar.

A construção da pesquisa baseada na identidade do pesquisador, anuncia que o caminho a ser seguido em uma pesquisa interdisciplinar é único e seu traçado emerge da relação estabelecida entre o pesquisador e seu objeto de estudo. Enfatiza, também, que a pesquisa interdisciplinar exige a busca da marca pessoal de cada investigador (Fazenda, 1995).

Uma pesquisa interdisciplinar propõe o exercício da espera vigiada que significa estar alerta aos indícios que nos apontam o caminho a ser seguido. Não existe uma única maneira nem modelo de pesquisa, mas, possibilidades que se configuram durante o processo.

Ao tentar descrever os procedimentos desta pesquisa interdisciplinar, deparei-me com minha "metáfora interior" (Fazenda, 1995, p.116), dois símbolos, que emergiram como imagens, apresentaram-se ao dispor-me a relatar o caminho percorrido. As duas imagens, no início enigmas, criaram espaços de "desconhecimento" que fizeram surgir a necessidade de decodificá-los. O caminho metodológico foi desvelando-se, conforme esses espaços foram sendo preenchidos. As imagens que se apresentaram: quebra-cabeça e mandala auxiliaram-me a compreender e descrever os movimentos de uma pesquisa interdisciplinar.

2.1. As imagens ou metáforas de minha tese: o quebra-cabeça e a mandala

Imagem 1 - Pesquisa Quebra-Cabeça

Um pesquisador, cuidadosamente, abre uma caixa com muitas peças de papelão para montar um quebra-cabeça. Passa a tarde, compondo o quadro desenhado na capa da caixa do passatempo. São pecinhas minúsculas que vão encaixando-se, ele compara detalhe por detalhe da cor azul do desenho com o objeto que tem às mãos. As nuanças das cores são muito próximas e, portanto, exigem do copista uma visão refinada.

Enfim, chega o momento: o quadro está pronto, foram 1.500 peças encaixadas em uma representação maior da figura do modelo. Deu trabalho, mas a concentração mental exigida relaxou o corpo. O pesquisador observa sua produção, sorri, toma distância e admira o que realizou.

Num instante posterior, espalha com as mãos as peças e desmancha o quadro. Voltam a ser 1.500 pecinhas de várias cores, espalhadas pelo chão. Assim, dispersas não significam nada. Guarda-as num saco de pano na caixa de onde vieram.

O pesquisador poderá repetir amanhã a mesma cena, conforme o modelo. Sem surpresas, sem nenhum significado maior para sua vida. Trata-se de uma atividade disciplinar, racional e consciente, prevista, sob controle e da qual o sujeito não participou de nenhum dos momentos de sua planificação. Só lhe cabe submeter-se a ela.

Outro pesquisador poderá tomar conhecimento de seu trabalho, valer-se das mesmas peças e, por sua vez, replicá-lo. Entretanto, trata-se da repetição de um padrão de investigação.

Esta me parece ser uma imagem da formação continuada disciplinar ou heteroformação dos professores, o mais freqüente dos delineamentos propostos em nossos dias pelas políticas públicas de educação. Desdobrando esse delineamento de formação, a mesma imagem remete-me à pesquisa disciplinar.

A segunda imagem é uma mandala[1] que talvez nos permita compreender a pesquisa interdisciplinar, em maior profundidade.

---

[1] Mandalas, desenhos sagrados nas culturas orientais, são símbolos que constituem um campo energético de muita força, podendo alterar nossas vibrações. Jung assegurava, pautado em trabalhos com pacientes, que a psique se auto-representa em sua globalidade, pelo simbolismo das mandalas.

Imagem 2- Pesquisa Mandala

Um pesquisador senta no chão ladrilhado do templo e à sua frente um espaço abre-se para a construção de uma mandala de areia. É um lugar sagrado, onde o sujeito aos poucos vai construindo um desenho. Fica ali horas e horas até poder admirar sua mandala pronta. Contempla o desenho que se formou. Sabe que é a representação de seu inconsciente. Sorri de felicidade, pois é uma produção sua, é sua obra de arte, é sua expressão, ou melhor, ele e a obra são uma coisa só em diferentes energias. As energias de uma vão em direção a outra e fundem-se, tornam-se uma única coisa. Não mais um pesquisador. Não mais uma mandala. Não mais uma escultura, forma e conteúdo integrados. Sujeito e objetos interdisciplinarmente constituindo-se.

Nesse instante, o investigador poderá pegar sua pá e desmanchar o que fez. Sem apego ao resultado de seu fazer, poderá dar espaço a outro pesquisador que sentado no chão, por certo irá construir nova mandala.

Pode ser que não sobre nada visível, palpável da mandala feita pelo sujeito, mas tornar-se-á conteúdo agora de suas vivências, de suas lembranças, do que ocorreu. Só ele, o pesquisador, poderá testemunhar o que passou a fazer parte de seu mistério. Passará, sim, a ser visível em suas ações, pela alegria que irradia, pela comunhão que partilha com o outro.

No entanto, poderá, agora, já estar transformado em uma pessoa diferente daquela que iniciara o trabalho e compartilhar o que fez. Como o herói que volta para casa, após os enfrentamentos, com sabedoria poderá partilhar com seu meio, o que sabe. Como investigador disponibiliza o que fez, constrói parcerias, inspira o outro a fazer sua própria busca. Para que possa expressar sua singularidade, o primeiro investigador diz ao segundo: *eu pude fazer isto, o que isto lhe provoca? Quer fazer o seu?*

Construo esta imagem do pesquisador que delineia uma pesquisa interdisciplinar, mas, parece-me também a imagem da autoformação, quando o professor assume a intencionalidade de sua própria formação.

Usando tintas coloridas e tendo como pano de fundo a figura do herói, desenho a imagem da mandala desta pesquisa que, ao mesmo tempo, é a mandala viva de minha vida.

Para projetar minha pesquisa mandala, foi necessário conectar-me como o pesquisador que se sentou no chão ladrilhado do templo, com minha história de vida, meu mundo interno, minh'alma. Disto resultou o primeiro capítulo desta investigação.

Pelos movimentos de transformação, assim como os dos professores com quem interagi nos projetos formativos que coordenei, descobri que são produzidos pela ativação do Arquétipo do Herói, um dos infinitos arquétipos que "dormem" em nosso psiquismo.

O Arquétipo do Herói foi uma imagem que me iluminou durante esta trajetória, pois permitiu focalizar meu itinerário e o dos professores com quem entrava em contato, como uma jornada, que embora única e singular, trazia um plano simbólico de sustentação. Talvez por trabalhar com cursos de interpretação de Contos de Fada na perspectiva junguiana, o sentido das trajetórias sempre me saltava à vista e encantava-me.

Assim, foi necessário encontrar meu mito pessoal, no qual descobri a marca do herói que, em mim, deseja como pesquisadora despertar o herói do outro. O aprender auxiliou-me a romper com alguns mundos: não apenas para deixar de cumprir um possível destino de empregada das sírias ricas da minha cidade, como foram minhas irmãs mais velhas, mas, porque sentia que conhecendo mais, estaria mais desperta, poderia ser uma pessoa melhor, capaz de entender as relações do mundo onde estava inserida.

Essa busca de maior consciência trazia-me profunda alegria, desejava que os projetos formativos que coordenava, pudessem despertar o mesmo nos professores e professoras que deles participavam. Mesmo em projetos fechados, abusivamente acadêmicos, dentro dos moldes convencionais das teorias disciplinares, criava espaços de autoria do pensar e do fazer, em que pudessem ocorrer transformações de idéias, sentimentos, percepções e práticas dos professores. Alguns foram descritos e analisados para favorecer a compreensão dos movimentos vividos pelos professores em Projetos de formação. Fui percebendo que rompia com alguns mundos e criava outros. Empregava outras linguagens, técnicas expressivas, sensibilizações para favorecer a conexão do professor com o sentido de sua ação pedagógica. Quem sabe o "chamado" que eu atendera, poderia ser para os professores, o próprio projeto de formação?

3. Formação dos professores e professoras

> *Nas carteiras da escola me ensinaram muitas coisas. Mas não me disseram coisas essenciais à condição de homem. O homem não fazia parte do programa.*
>
> Paulo Mendes Campos

Desejo falar dos professores não como referentes abstratos, sobre quem muita literatura vem sendo feita, mas, daquelas pessoas concretas, não só intelectos que, mesmo no anonimato, por meio da educação, trabalham em prol da sociedade, na qual ninguém precisa ser excluído.

Percebo que se não os situo em suas vidas concretas, opero uma grande violência contra eles. Por um longo tempo, habitam as escolas, compartilhando o melhor de suas vidas, suas existências entrecruzam-se, inter-relacionam-se e constroem-se dentro da escola.

É preciso enxergar suas existências, no cotidiano, nas pequenas grandes coisas que fazem, no desejo de que todos os alunos prestem atenção às suas aulas, no orgulho quando são chamados para paraninfos, na alegria quando são citados como importantes na trajetória de vida de um ex-aluno, na dor profunda quando são desvalorizados. Não os quero reduzir a puros instrumentos, dados estatísticos, nem desumanizá-los, nem anular a presença de suas humanidades concretas.

Assim como as diferentes crianças para as quais ensinam e de quem se cobra uma intervenção individualizada, estes professores, também, precisam ser considerados como "seres encarnados" em suas diferenças, diferenças estas que permeiam suas histórias de vida, suas formas de interação com as outras pessoas, seus mecanismos de construção de conhecimentos e de sonhos. É com esse enfoque que pretendo olhar a formação de professores.

Na psicologia, há um importante conceito construído por Aulagnier (1998), que é o da violência primária, é uma violência simbólica que ocorre quando uma criança nasce, e a mãe decide tudo por ela, uma vez que não possui ainda uma linguagem verbal. Quando o recémnascido chora, a mãe não sabe se é dor de barriga, se é fome, se é fralda molhada. Na maioria das vezes, opta guiada pela sua intuição.

Aos poucos, o vínculo vai aprofundando-se, a comunicação que ainda não é verbal, faz-se por outra linguagem e as decisões da mãe já contam com a co-participação do bebê. Pois bem, isso ocorre naturalmente com todas as mães, mesmo as de muitos filhos, porque cada filho suscita nova relação. Mas pode desenrolar-se de forma diferente que a autora citada dá o nome de violência secundária quando a mãe (ou o pai ou os pais), mesmo a criança tendo voz para dizer, não lhe é possibilitado o espaço para falar de seu desejo. Decide-se por ela e para ela. Não só "pensam" no filho, mas "pensam" por ele.

Guardadas as devidas proporções penso que na formação dos professores, muitas vezes, fazemos isso – não ouvimos seus sujeitos. A formação é um tema que precisa ser olhado, não apenas examinado. Um olhar de apaixonamento pelo assunto, porque talvez seja uma forma de mudar o olhar, mudar a ótica de ver a função dos professores, nesse sentido, recuperar sua grandeza.

Procuro desvelar para mim mesma o que é formar. Colocar em uma forma? Existe uma forma de se fazer humano? Mesmo nascido ser humano, a antropologia nos diz que se o homem não tiver contato com outros seres humanos, não tiver chances de trocas, de se espelhar, de projetar, de criar vínculos, de desenvolver consciência, enfim, não se humaniza. Isto não tem nada a ver com forma, com enquadre. Nascemos sem uma programação que nos diz como comportar e esse nosso "jeito de ser" será a construção de uma vida.

Seria formar o que faz o escultor com a argila, com o mármore? Ele plasma o projeto que tem na imaginação ou há uma interação alquímica entre argila e sua imaginação mediada pelas mãos? Criariam as mãos uma forma sugerida alquimicamente pela argila? Neste caso, tanto a argila modificar-se-ia como dialeticamente suas mãos? Não seria assim também com as interações do educador no mundo? Conforme forma é dialeticamente transformado por esses encontros, diálogos, confrontos? Em síntese, quando se forma, também, se é formado?

Que linha tênue é essa na formação que, por um lado, permite respeitar o outro, naquilo que ele tem de essencial e único e, ao mesmo tempo, estimular a mudança que a própria pessoa quer realizar? Talvez isso seja a concretização do "sentido do amor pelo outro", pois quando se fala em formação, é preciso falar em ética, porque a ética tem a ver com a preocupação pelas conseqüências das próprias ações sobre o outro.

Refletindo sobre este "sentido", Maturana (1995) cita que para termos preocupações éticas, precisamos ser capazes de ver o outro como um "legítimo outro" em convivência conosco. A ética difere da moral, tem seu fundamento no amor.

Será, que existe uma forma? E esta não estaria como uma semente, dentro do homem, como um modelo que ele paulatinamente busca alcançar? Ou já possuímos essa forma virtualmente e a formação seria o tempo de experiências, o encontro com outras pessoas, as situações de aprendizagem que propiciam continente e adubo para desabrochar? Esta não seria, porém, uma visão inatista, pois precisa das intenções do educador, necessita do meio sob a forma de condi-ções. Poderíamos dizer que ela já (pré) existe e clama por se realizar. Assim, toda busca do educador seria um movimento em direção a isso.

Existe uma autoformação? Cada um de nós é concebido como um projeto de nossa alma? Enfim, formação poderia talvez ser vista como a criação de condições para que o indivíduo se conectasse intensamente com suas dimensões mais profundas, encontrando a qualidade a ser manifestada no social?

Nesse sentido, a autoformação poderia ser concebida também como a imagem de um cristal, pois o cristal é sempre um cristal, mesmo antes de ser polido e, quanto mais burilado, isto é, em interação com o exterior, mais iluminado torna-se. Suas mil faces transparentes mudam infinitamente conforme as trocas, os intercâmbios com o meio onde se encontra. Parece que é, assim, a autoformação, o educador vai se inventando infinitamente, sem um ponto final.

Educar vem do latim *educere* e significa tirar fora, levar fora, extrair, tirar das entranhas, desentranhar. Educar ou formar alguém se aproxima, então, da idéia de desentranhar do mais fundo do ser sua própria forma. Finalmente, formar não seria imprimir uma forma, mas, ao contrário, fazer brotar, fazer emergir a forma humana do próprio homem. Ao formador, portanto, cabe fazer um convite àquele que se forma, nunca, uma imposição.

Por outro lado, ensinar é um ato social que envolve uma profunda disponibilidade de quem ensina se dar como um espelho ou um modelo, em que o outro pode identificar-se, isto é, se ver (como gostaria de ser) e aprender a ser. Um professor, uma professora ensinam "como ser", muito mais que conhecimentos: em síntese, ajudam o outro a se autorizar a ser alguém que pensa, que conclui e descobre verdades que fazem sentido à sua vida. O educador é uma forma visível, encarnada, próxima, que se faz necessário aos alunos (ao lado dos pais), para que eles possam experienciar o que é uma vida, o que é viver.

Nesse sentido, a vida do professor é esteticamente rica. Um professor pode encontrar consigo mesmo criança, na criança que lhe requisita atenção.

Pode encontrar-se com ele mesmo, adolescente, medroso, revoltado, desajeitado, entre o que deseja e as expectativas sociais.

Pode encontrar consigo mesmo, adulto, naquele professor mais novo que ele ajuda a formar, que lhe acorda esse ser vivo que há dentro dele capaz de se entusiasmar com uma pergunta nova, com uma justificativa diferente com um pensar que ainda não foi pensado por ele que o ilumina, porque lhe provoca novos pensamentos, porque lhe anuncia possibilidades de mudar, perceber que não cristalizou, porque há coisas novas para perguntar e se perguntar e continuar aprendendo. Nestes momentos, verificam-se encontros herméticos, nos quais existe um enriquecimento psicodinâmico para ambos: professor e aluno tornam-se jovens (Galiás, 1989).

Penso na estética do gesto do professor que observa a produção de quem está aprendendo e encoraja-o com um sorriso, um olhar inteiro que o abarca não só como um "aluno" porque lhe anuncia possibilidades, porque o espelha como alguém que vale a pena. Os muitos momentos posteriores à aula, anos depois de um curso, em que um ex-aluno lhe diz: *"sabe aquilo que você me falou..."* (e, muitas vezes, o professor não se lembra mesmo do que falou ou do que deixou de falar), *"sabe, professora, aquele livro que você me indicou, me emprestou..."* Fico a pensar na estética de um momento que pode ser configurado em uma imagem, em que o professor está com muita raiva, e o aluno desconcerta-lhe a emoção e o pensamento. Enfim, os pequenos momentos em que sua humanidade encontra-se com a do aluno.

3.1. A formação e suas dimensões

Muitos autores têm analisado a formação do educador em dimensões, até para fins de definir as necessidades de sua formação. Placo (1994) pelo conceito de sincronicidade estabelece um dinamismo entre estas várias dimensões. Rios (2001) tem se aplicado a este tema, enfatizando a dimensão ética. Até sem nos determos na terminologia específica usada por autor, podemos categorizar estas dimensões em técnica, humana (interativa) e política.

Mesmo considerando que a vida não se deixa aprisionar em construções teóricas, estas classificações ajudam a perceber as limitações de nosso olhar na tentativa de compreender a realidade do educador, de uma forma mais ampla, e problematizar os modelos de formação utilizados.

Precisamos nos perguntar, por exemplo, quando tais modelos lidam com dimensões menos visíveis e mais vitais na vida do educador ligadas à sua alegria de trabalhar, a seus sonhos mais profundos de realização. Por que ele se tornou professor(a), ou melhor, por que permanece nessa profissão? Provavelmente, está ligado à sua condição econômica, às circunstâncias sociais de sua vida, conforme aponta Gómez (1998), mas também se situa em um espaço que costura a construção de si mesmo e o auxílio ao desenvolvimento do outro.

Talvez possamos ensaiar modalidades formativas que introduzam a dimensão simbólica, a área dos aspectos esquecidos ou ocultos da formação. Esta dimensão pouco visível que está presente e permanece de forma constante na autoformação.

Como resgatar esta dimensão simbólica que poderia possibilitar ao educador conectar-se com este aspecto esquecido, oculto que, provavelmente, o leva a continuar nessa profissão e, em muitos momentos, ainda se encantar por ela? Talvez encontremos inúmeras respostas diferentes para esta questão, mas podemos seguir a pista de que o conceito de autoformação insere-se dentro de uma dimensão simbólica, impulsionando e mobilizando o indivíduo, para a busca do sentido do que faz.

A contribuição da Psicologia Analítica pelo arquétipo do mestre-aprendiz demonstra o que é ser tocado pelo mestre (para além de si mesmo, algo que é além do humano). Essa dimensão simbólica possibilita ao professor a consciência de que ele precisa estar também em outro espaço que não só o racional; precisa de um ouvido à espreita para captar outras mensagens e não só as explícitas. Em outras palavras, não pode perder seu "chamado" nem esquecer-se de suas obrigações para com os desejos do coração.

A dimensão simbólica permite atribuir significações ao mundo que nos rodeia e às nossas produções; discrimina-nos das outras pessoas e dá o passaporte de nossa singularidade. Para Furlanetto (2001, p. 6)

> Percebi que existia um espaço na formação dos professores que era pouco conhecido e explorado. A maioria das práticas formativas pauta-se no fornecimento de recursos teóricos e técnicos aos professores, que por sua vez só se utilizam quando constroem um sentido pessoal para esses conteúdos. Os espaços de formação poucas vezes

*se constituem em espaços de elaboração e cons-
trução de sentidos. Fui percebendo que a formação
do professor não acontece somente no nível cognitivo, lógico, mas no nível simbólico.*

3.2. O grande desafio de formar o adulto-professor

*"Nenhuma dor é tão mortal, quanto a da
luta para sermos nós mesmos".*
Levguêni Vino Kuroce

Um de nossos maiores obstáculos, como pessoas
adultas, parece ser a dificuldade de entrar em contato
com nossa ignorância, com o nosso não-saber. Caso este
adulto seja um professor, isto parece constituir um para-
doxo, pois se trata do profissional que se espera que tenha
maior intimidade com o não-saber.

Em sua formação, muitas vezes, ele aprendeu
apoiado em um ensinar discursivo que nem sempre o
instigou com dúvidas e questões para que se colocasse
no lugar daquele que aprendia. O impedimento de
aprender com o outro, vale a todos os profissionais,
incluindo o médico e o psicanalista, como se refere
Kehl (1998).

Por intermédio de seu estudo, o professor parece
esperar ter superado seu não-saber e evita tudo que possa
apontar para sua ignorância. Chega a guardar uma distância reativa e defensiva de seu aluno que, suposta-

mente, habita o lugar do não-saber. Segundo autores, alguns resistem aos ensinamentos que encontram no decorrer de sua vida.

Muitas vezes, não podemos descartar que a resistência é saudável, pois os projetos de formação não respeitam nem levam em conta o saber gerado por suas experiências, mas resistem porque sentem vergonha de aprender com o outro, o que lhe representa ocupar o lugar daquele que não-sabe.

O lugar do não-saber ainda é simbolizado entre nós pela criança, que é muito nova, e ou porque não freqüentou escola. Em nossa cultura, a abertura para a aprendizagem pressupõe aprender com todos e tudo, é uma atitude difícil de ser vivenciada e, conseqüentemente, desenvolvida.

Nos cursos de formação, ocorre que o professor pode se fechar e reclamar que o formador só tem teoria *"queria vê-lo com uma classe cheia, onde ele colocaria essa teoria"*. Percebe-se que ele critica, porém, ao mesmo tempo inveja o formador: *"quem dá duro, em sala de aula, com alunos sem limites, desmotivados, somos nós que somos desvalorizados (...) quem fica na Universidade não dá o duro que damos e podem ter uma vida muito melhor que a nossa"* (João Alberto – professor em um curso de formação).

— *Por que continuar estudando?* indaga um professor em um dos cursos de formação.

— *Deve o professor atualizar-se por causa das modificações na área do conhecimento da disciplina que leciona?* questiona outro professor.

A própria natureza do fazer pedagógico, que é histórico e inacabado, solicita isto do educador. Como afirma Castoríadis (1982: 49) *"o mundo histórico é o mundo do fazer humano. Esse fazer está sempre em relação com o saber..."*

Para o autor citado, esse fazer, que é práxis, está fundado em um saber que é sempre fragmentário e provisório, sempre incompleto porque é do domínio do homem e da história, dependendo do estudo e da investigação contínua. No fazer pedagógico, quem ensina e quem aprende se produzem como pessoas, como sujeitos. Daí, porque a relação que se estabelece entre ambos, constitui a essência da ação pedagógica e não pressupõe regras preestabelecidas, mas, a construção de uma autonomia própria.

— *Para que a formação contínua?* pergunta-se o professor. — *É um meio para atingir uma finalidade?*

Entre nós, ainda impera, a concepção de que a formação contínua é como complemento da formação inicial, envolvendo um regresso à escola ou a um centro de formação. O professor é um ex-aluno, que está em serviço, como significa sua volta para o lugar de aluno?

Como desejam muitos autores, a formação dos professores pode ser encarada como um caso particular da educação de adultos. Assim, o processo de formação não pode ser planejado como transmissão de conhecimentos ou reprodução do modelo escolar comum de adulto. Não se trata de estudar para um concurso, para um curso superior ao que o indivíduo já cursou, visando a galgar outro lugar, outro posto no sistema educacional. *"Para que lutar para saber mais se vamos ficar no mesmo lugar, na mesma função?"* (Maria José – uma professora em um curso de formação).

Não podemos também fechar os olhos ao que ocorre em muitas situações, nas quais a formação responde a uma necessidade de rentabilidade da organização que a encomenda, conseguindo paralelamente a adesão dos professores. Neste caso, os professores perguntam se se trata de desenvolvimento pessoal ou profissional, mesmo considerando teoricamente que desenvolvimento pessoal e profissional são indissociáveis.

Fala-se que a formação do educador precisa ser vista como um compromisso político, mas concordamos que seja, também, ético e estético. Quais as necessidades desses professores, mal remunerados, pouco respeitados e desconsiderados pelos poderes públicos? Nem sempre conhecem seus direitos, nem conhecem a legislação que rege sua vida profissional. Seus desejos precisam ganhar contorno e voz, porque mesmo que não possam ser realizados, não precisam ser abafados, ignorados e perversamente negados como, muitas vezes, ocorre.

3.3. O formador: quem pode ser mestre ou interlocutor?

Para ser meu mestre, primeiramente o professor precisa ser uma pessoa disposta a ouvir e interagir com os alunos, e que não somente esteja ali com a responsabilidade de "repassar conhecimentos". Que, muito mais que seguir livros e doutrinas herméticas, esteja apto a compartilhar com o que está acontecendo de novo na comunidade, na sociedade (Sílvia B. Cuenca – professora em um curso de formação).

Conforme refletimos antes sobre a formação do adulto, além da dificuldade do professor-formando aceitar sua condição de aluno, de uma forma geral, constata-se uma rejeição aos formadores nesses projetos de formação. Neste momento surgem perguntas: qual formação precisa ter o formador para ser aceito? Quem "pode" ser o mestre ou interlocutor nos projetos de formação continuada?

Em sua tese a respeito do processo de formação docente, Almeida (1999), fala da importância do professor-formando ser ouvido, de quanto esta atitude, por parte do formador, provoca no formando uma mudança na percepção de si mesmo, por se sentir valorizado e aceito. E conforme se sente valorizado e aceito, pode apresentar-se ao outro sem medo nem constrangimentos. Concordamos, também, quando a autora aponta *"uma nova proposta que leva a pessoa a mudar, pode ser vista com um atentado contra sua importância, seu conhecimento, seu desempenho e, portanto, é uma ameaça à sua identidade"* (p. 34).

Quando num curso de formação esta questão foi abordada, fiz a pergunta que está no título deste texto e os alunos responderam-me de pronto: *"o formador precisa ter ido além do aluno, para atraí-lo, não só em cultura, mas em forma de ser e de se relacionar com os alunos e com os conhecimentos"*.

Nesta resposta, havia uma crítica implícita aos cursos de formação, muitas vezes realizados em convênios, por algumas Instituições Escolares com grandes universidades, planejados pelos seus maiores catedráticos, que no corpo a corpo diário com os alunos contratam professores sem experiência com formação e com um discurso dissociado da ação.

Entretanto, continha a sabedoria que emerge das vivências: o mestre pode auxiliar o aluno até onde ele chegou, isto é, como diz Jung, enquanto o mestre tem algo que possa ser roubado pelo aluno, ou melhor, quando o aluno pode realizar um "roubo hermético" de seu mestre.

Hermes, o arquétipo do herói, que elegemos para fazer uma leitura do professor da contemporaneidade, não pode ser contido pelas formas convencionais de Apolo – idéias brilhantes, fala conceitual refinada e respeito pela academia, etc.. A tendência a absolutizar o ensinamento de um mestre, transformando-o em algum tipo de teologia, não tem nada a ver com Hermes que intervém em nosso psiquismo, para explodir com os modelos prontos.

Em uma leitura contemporânea de Nietzsche, Larrosa (2002), fala de um movimento na formação, em que cada pessoa *"se volta até si e vai além de si mesmo, até chegar a ser o que é"*. Neste caso, os mestres podem ser vistos *"como pedras de sorte, como pretextos, para a experimentação de si, que se tem de saber abandonar a tempo"* (p. 77).

A idéia de mestre inspirada em Hermes levou-me a procurar também aquela idéia de mestre, contida no Zen-Budismo (Suzuki,1993). Para a atitude budista frente ao mundo, todas as mentes sensíveis e conscientes são perfeitas e completas. Cada um de nós, portanto é perfeito e completo e não nos falta nada. Mas se é assim, porque praticar o Zen? Por que existem os mestres do Zen? O budismo responde que não existem mestres do Zen, tampouco existe algo a ser ensinado, pois já temos o que precisamos. Continua explicando que a prática e o ensino do Zen[2] existem justamente para que percebamos isto.

Quanto ao crescimento adulto, Zoja (2001) identifica-o a uma paidéia moderna, que se dá em formas imprevisíveis, semelhantes aos processos de crescimento interior, promovidos pelas religiões, pela filosofia ou, mais em geral, pela cultura. Podem seguir muitos caminhos que não se excluem, pois ampliam o conhecimento e a consciência de maneiras tão variáveis quanto é variável a alma.

No caso, podemos supor que talvez o formador de intelecto mais brilhante não seja o mais eficaz nessa

---

[2] Zen – a forma de viver o budismo no Japão não se refere nem à religião, filosofia ou psicologia, mas sim, a uma atitude.

tarefa. Ser empático e conseguir compreender quem experimenta as agruras e alegrias do magistério, serão as atitudes fundamentais. Se levarmos em conta a palavra compreender, no sentido grego de estar e habitar a mesma região psíquica do outro, pede-se ao formador que desenvolva uma empatia real com a vida dos professores que está formando, "para fazer parte dela, entrar em suas emoções, percorrer seus mitos" (Zoja, 2001). Dialogando com Zoja, referendo aprendizagens que fiz com inúmeras experiências em projetos de formação: o intento do formador de identificar-se com o mundo do professor-formando, não está ligado apenas ao fato de conhecê-lo, mas, antes de tudo, de favorecer a transformação.

3.4. A formação continuada

Até há pouco tempo, no Brasil, quando alguém se referia à formação de professores, entendia-se que estava falando da formação inicial, considerada básica, e que dava a ilusão ao formando de que ele estava pronto para o exercício de sua profissão. Esse era o significado do diploma e encerrava a formação do professor. Aos poucos, porém, o próprio professor percebeu o quanto este curso inicial não lhe dava condições para atender as demandas reais de seus alunos, de seu ofício em um mundo em permanente mudança. Foi tornando-se consensual, então, que esta formação básica não era suficiente para tornar o professor capaz de educar uma diversidade de alunos que ansiava por sucessos nas aprendizagens escolares, desenvolver-se como pessoas e participar como cidadãos em um mundo cada vez mais complexo.

A formação continuada, definida como "formação de professores já em serviço, em programas promovidos dentro e fora das escolas, considerando diferentes possibilidades (presenciais ou a distância)", segundo os Referenciais para Formação de Professores, elaborados em 1999 pelo Ministério da Educação, foram ganhando forças entre nós porque o interesse pela formação dos professores, nos últimos anos, cresceu de forma considerável em nossa sociedade. Com muita freqüência, a falta de formação desses profissionais tem sido apontada como um dos principais fatores que contribuem para a baixa qualidade de ensino Fusari (1997); Pimentel (1993) Pimenta (1997).

Historicamente, até 1960, as pesquisas sobre a formação de professores eram dedicadas à descrição de qualidades pessoais dos docentes, já que estas eram vistas como elementos determinantes da qualidade de ensino. Procurava-se definir e listar as características estáveis nos professores com o objetivo de criar um modelo de bom professor (Cardoso, 1997).

Por volta de 1970, as investigações ligadas às qualidades pessoais dos professores passaram a relacionar-se com os resultados acadêmicos dos alunos. O conceito de competência docente surge e sob esta nova visão a formação do professorado passa a ser concebida como a criação de técnicos eficientes, capazes de chegar a bons resultados com seus alunos.

O modelo de "racionalidade técnica" indicava a supremacia da técnica, como a origem das competências do bom professor, refletindo em sua formação por meio do incremento de modelos de treinamento, baseados em sistemas comportamentalistas, e orientados para a eficácia docente. É interessante registrar a observação de Cardoso (1997, p. 11) sobre o emprego da técnica do microensino, tão propalada na época, na formação de professores.

> *O pressuposto era o de que, através deste tipo de tratamento, esses profissionais obteriam um melhor rendimento. O professor é considerado, segundo este paradigma, um executor de prescrições curriculares, elaboradas por "profissionais competentes", que acreditavam que todas as variáveis pudessem ser controladas.*

A chegada de 1980 representou um extraordinário momento às pesquisas, em geral, especificamente à pesquisa educacional, que se constituiu em uma era de grande entusiasmo por ser relacionada à formação do professor. Nóvoa, educador português, no livro "Vidas de Professores" (1992) assinala esta data como revestida de grande importância, pois marca uma mudança na pesquisa educacional em todo o mundo, trazendo os professores para o centro da investigação e dos debates educativos.

No Brasil, nos anos de 1980, as iniciativas de formação continuada de professores foram intensificadas, uma vez que contavam com uma história recente. Essas iniciativas não eram desvinculadas de seus contextos e mostram-nos que, ao longo de toda a história brasileira, o modelo de professor pouco se alterou de fato, como aparece no Referencial de Formação dos Professores (1999, p. 34):

> Certamente o que determinou o modelo de formação predominante no país foi a hegemonia, na história da educação brasileira, de uma concepção de professor como aplicador de propostas prontas, produzidas por técnicos das instâncias centrais ou intermediárias do sistema educacional. Os sucessivos anos de tecnicismo e o status conquistado pelo livro didático no ensino fundamental e médio (...), só viriam a reforçar um modelo de professor-aplicador que se foi forjando ao longo do tempo e que só se consolidou na década de 70. É para esse tipo de professor que as práticas de formação estão voltadas. E é para subverter esse modelo de professor que outros tipos de práticas precisam ser construídas.

Transformar a cultura do fracasso, presente nas escolas brasileiras em cultura do sucesso, por certo, não dependerá exclusivamente da formação do professor, pois uma série de fatores contextuais também interferem, porém, qualquer projeto de formação, sem dúvida, para que tenha alguma possibilidade de sucesso dependerá do apoio e da participação do sujeito para o qual ele se destina.

Formar o professor, como vimos, foi tratado até então, como sinônimo de colocá-lo a par das últimas descobertas científicas em sua área de trabalho e informá-lo a respeito dos processos de desenvolvimento e aprendizagem dos alunos, de acordo com as teorias psicológicas em voga. Sem dúvida, estes fatores são elementos importantes do processo pedagógico, mas uma formação que possibilite o professor dar sentido para sua docência e comprometer-se com o que faz, não se esgota aí. Stenhouse fornece algumas pistas nesse sentido, quando afirma que uma boa formação é:

> *Produto da construção ou reconstrução do conhecimento que o professor leva a cabo individualmente. Apesar de o professor poder receber ajuda através de determinadas leituras ou por meio de cursos de capacitação, trata-se de uma construção pessoal elaborada a partir dos recursos socialmente disponíveis e não pode ser transmitido, facilmente, por outro ou para outro.*

Se, historicamente, atentarmos aos caminhos percorridos pela formação continuada até o presente momento, vamos descobrir que ela tem recebido uma terminologia referente à própria concepção do que vem a ser esse trabalho e do que o professor precisa para desempenhá-lo.

Consideramos que a compreensão da atual complexidade dos movimentos de formação, exige o exercício do cuidado interdisciplinar, para que nosso olhar, como cita Fazenda (1995), revisite estes conceitos de formação, com um olhar novo, um olhar que os situa sob múltiplos enfoques. Em uma proposição interdisciplinar, revisitar, amplia o conceito e o olhar que passam a sugerir novas ações. Revisitar tais conceitos, implica potencializar a força que lhes era originária, além de criar uma nova energia capaz de gerar novas reflexões sobre os efeitos por eles produzidos.

Conforme a autora citada, o visitar e o (re)visitar conceitual fazem parte de um movimento do pensamento interdisciplinar que estamos vivendo, nesta época, o que nos permite um olhar que vai além daquilo que se mostra, um olhar demorado, um olhar que perscruta o que já foi visto, porém não reparado de fato.

Esta terminologia desvela e revela sentidos e significados culturalmente situados, porém, construídos em diferentes tempos e distintos espaços. No Brasil a contextualização histórica dos termos empregados indica-nos as mudanças de conceituação da formação em nossa sociedade. Eles têm habitado o discurso cotidiano dos profissionais nas escolas, na imprensa e nas várias instâncias de administração da educação.

Parece-nos importante revisitá-los para elucidar melhor esses conceitos, porque cada termo ou verbete traz implícito uma representação subjacente do que vem a ser professor, no contexto histórico em que ele aparece e, coerentemente, como se forma um profissional da educação, eficiente e eficaz. Assim, apoiados nesses conceitos que decisões têm sido tomadas e ações têm sido propostas, justificadas e realizadas.

Em uma seqüência histórica muitas vezes convivendo simultaneamente os termos mais encontrados nos projetos de formação têm sido: reciclagem, treinamento, aperfeiçoamento, capacitação, educação permanente, educação continuada e formação contínua. Como assinalamos antes, tentemos revisitá-los aproximando-nos deles, refletindo sobre seus significados e conseqüências.

Em nosso País, o termo reciclagem aparece por volta de 1980, envolvendo a educação de profissionais de várias áreas, incluindo a da educação, qualificando ações de órgãos públicos e privados.

Nos dicionários, o verbete *reciclagem* aparece como atualização pedagógica e cultural, este termo traz implícita a concepção consagrada pelo senso comum de modificação de objetos ou materiais, como é o caso de garrafas, papéis, vidros, lixos e, etc., que são (re)fabricados para outras finalidades ou para que sua matéria- prima transforme-se em novos objetos.

Depreende-se dessa transformação que o material reciclado sujeita-se a alterações radicais. No caso do educador, a idéia parece supor ser possível reciclar e aproveitar os conhecimentos; dar forma diferente ao mesmo conteúdo, inspirando-se como se fazia na reciclagem de materiais. Parece conceber também que o professor é como alguém que se modifica, a partir de formas em que se encaixa, sem considerar as matrizes pedagógicas que traz e os saberes que já construiu.

Ora, isto é incompatível com a visão de educação e do educador que temos hoje, quando se verifica um processo de conscientização ao longo de sua trajetória profissional. Além disso, nenhuma formação começa do ponto zero, visto que todo professor constrói grande parte de seus saberes como frutos de sua prática cotidiana.

Em nosso meio educacional, a adoção do termo reciclagem e sua concepção, geraram como decorrência da formação de professores, a proposição e implementação de cursos rápidos e descontextualizados, palestras e encontros esporádicos, abordando de forma superficial reduzidos recortes do universo de conhecimentos que caracterizam o processo de ensino e aprendizagem. Hoje a reciclagem é considerada um modelo de formação com imposições e propostas prontas, sendo contaminada pela idéia de anulação das experiências passadas desses educadores.

Observando mais de perto essa terminologia, percebemos que o amadurecimento dos processos e debates sobre as ações educativas e seus significados contribuíram para sua substituição, de forma que a reciclagem vem desaparecendo, sobretudo, no discurso dos profissionais da educação.

O verbete *treinamento* muito presente nas áreas profissional e técnica inclina-se ao desaparecimento na área educacional, porque em seu significado vem embutida a idéia de modelagem de comportamento, de automatismo, adestramento, não significando manifestações inteligentes e reflexivas. É visto como uma especialização que aliena, que estimula a visão fragmentada da realidade. Pensar em comportamentos, modelos constantes e padronizados antagonizam e mostram-se inadequados à concepção de natureza humana. No caso do educador, a oposição se faz mais presente ainda, pois a reflexão, a criatividade, a ousadia, o lidar com o não rotineiro e com a improvisação mais parecem caracterizar, em essência, a função desse profissional.

Aperfeiçoar implica a ação de um acabamento, de completar com esmero, com perfeição, aquilo ou aquele que tem defeitos ou guarda uma incompletude. Assim, em educação, a idéia de aperfeiçoamento concretiza-se em um conjunto de ações, capazes de completar, concluir o professor e torná-lo perfeito.

A idéia de um objeto concluído esbarra na raiz do conceito de educabilidade, como afirma Assmann (1998), pois segundo este autor educar corresponde à idéia de vida, de transformação constante, de plasticidade, de incompletude. Revisitando este conceito, percebemos que difere também da representação que se tem do educador atualmente, tomando distância e analisando sua prática, questionando as implicações sociais de seu fazer e buscando alternativas que atendam às suas necessidades.

Capacitação foi outro verbete usado para significar a formação do educador. Segundo Ferreira (1980), a ação de capacitar significa aquisição de condições de desempenho inerente ao exercício de uma determinada profissão. Ampliando este conceito e nosso olhar concordamos que o termo, conforme pontua Marin (1995), rompe com a concepção genética ou inatista de educação que explica a escolha e ou dedicação ao magistério, associando um dom *a priori* a uma vocação inata, semelhante ao sacerdócio. Assim, o termo capacitação parece ser mais aceito que as expressões anteriores por caracterizar ou expressar um processo de profissionalização.

Mesmo olhando mais de perto, é preciso considerar que capacitar traz de forma implícita, a idéia de um educador que recebe um programa fechado de capacitação para implantar mudanças ou inovações educativas.

Atualização, outro termo usado para significar formação, é uma palavra que se refere a "pôr em dia os conhecimentos". Pensando no caso dos professores, os cursos de atualização pretendem colocar os professores em contato com os novos conhecimentos, com as novas teorias que sustentam a educação. Por isso, têm assumido a forma de seminários, conferências com autores famosos que trazem o que está sendo discutido em educação na atualidade. A crítica maior que podemos fazer a essa idéia de atualização é ser necessária, porém, não abarca a totalidade das necessidades de um projeto de formação.

Uma (re)visitação a estes termos, permite notar que eles não se fundamentam em concepções de formação que privilegiem a construção da autonomia intelectual do professor e a articulação de um projeto de vida com as demandas do desenvolvimento profissional, visto que se baseiam em propostas previamente elaboradas, para serem implementadas nos cursos. Arriscamo-nos a mencionar que, nesses conceitos, existe embutida uma visão de que a mudança na obtenção do sucesso escolar depende apenas da melhoria profissional do educador que estaria ligada ou dependeria da atualização de seus conhecimentos.

Marin (1995), em seu artigo já citado, coloca juntos os três conjuntos de termos: educação permanente, formação permanente e formação continuada sob o denominador comum de um outro eixo para a formação de professores, no qual existe um início de valorização do conhecimento experiencial dos profissionais da educação, construído nas instituições onde trabalham.

As primeiras reflexões a respeito do termo educação permanente foram apresentadas por Furter (1974) que vai tratar da circulação de processos diagnosticadores das necessidades de quem aprende e as primeiras idéias a respeito da autoformação.

O termo formação continuada aparece entre nós, conduzido por autores estrangeiros, sobretudo Nóvoa (1992) e Perrenoud (1993) como atividade conscientemente proposta, direcionada para a mudança que mobiliza todos os saberes dos profissionais. Considerando a revisitação que fizemos à nomenclatura usada durante décadas no Brasil, esta palavra transcende as demais, justificando-se pela própria natureza do saber e do fazer humanos como práticas que estão em constantes mudanças: à medida que a realidade altera-se, o saber construído sobre ela necessita ser revisto e ampliado.

Se observarmos o panorama de formação dos professores, vamos perceber que uma das idéias mais arraigadas em educação – a de que quanto mais qualificado o professor, melhor é sua prática em sala de aula que, atualmente, começa a ser colocada em discussão. Estudos recentes atestam não existir essa relação mecânica entre capacitação de professores (anos de estudos, cursos, créditos e diplomas) e melhoria de rendimento de seus alunos.

Estas práticas de formação continuada vêm mantendo-se entre nós como uma medida reconhecidamente necessária. Mesmo constatando ocorrer, como citam os Referenciais de Formação dos Professores *"uma discrepância entre o volume de recursos humanos e financeiros nelas investidos e os resultados obtidos em relação ao sucesso da aprendizagem dos alu-nos"* (1999, p. 46).

Torres (1995) considera que existem vários sinais de que a formação docente convencional está em crise, não se traduzindo em melhor desempenho dos professores e, muito menos, em rendimento escolar.

Estudos em comunidades diferentes mostram a escassa contribuição docente para o êxito das reformas educativas. Uma das razões apontadas parece encontrar-se no fato da capacitação ocorrer solitária, sem acompanhamento ou sem fazer parte de um rol de medidas coerentes, sustentando as reformas educativas. Outras razões podem estar relacionadas à visão reducionista das dimensões que podem ser mobilizadas no professor por meio dos projetos formativos. Geralmente, eles prevêem a mobilização das dimensões cognitivas, interativas e políticas e, raramente, as dimensões éticas e simbólicas são convocadas.

4. A contribuição da Psicologia Analítica na compreensão do sujeito contemporâneo

Durante muito tempo, os projetos de formação de professores preocuparam-se com os conteúdos da formação, sustentados na certeza de que a visão racional do "ideal" de professor que se queria formar, poderia ser atingida.

Hoje vivemos uma época, em que novas visões de mundo aparecem disponibilizadas, desfazendo as certezas lineares, gerais e essencialistas que sustentavam aquelas verdades. A tendência é que tanto a previsibilidade e as relações explicativas causais como o controle dos fenômenos sociais e humanos já não guardam funcionalidade e sentido, o que implica atitudes e mentalidades classificatórias, mecanicistas e excludentes que vão tornando-se paulatinamente ultrapassadas.

Esta mudança ou crise, para autores como Hall, Mercer, Giddens, situa o que, convencionalmente, conhecemos como pós-modernidade.

A questão da identidade do sujeito é discutida por Hall (1999), colocando-a como parte de um processo mais amplo de mudanças em relação às estruturas das sociedades modernas e às referências que asseguravam estabilidade aos sujeitos no mundo social. Assim, a identidade definida é estável e fixa coerente com a noção de sujeito unificado, racional, autônomo, típico da visão moderna que está sendo questionada, conforme nossas referências estão mudando.

A respeito dessa crise de identidade, o autor citado apresenta três concepções de identidades: o sujeito do iluminismo, o sujeito sociológico e o sujeito pós-moderno.

O sujeito do iluminismo baseia-se na idéia de unidade e linearidade. Temos aqui a concepção de uma pessoa egocentrada, unificada, dotada das capacidades de razão, de consciência e ação. Nascia e desenvolvia-se com um "centro" ou núcleo interior, permanecendo idêntico, essencialmente o mesmo durante toda sua vida.

O centro essencial do "eu" constitui a identidade de uma pessoa. Segundo o autor, é uma concepção "individualista" do sujeito e de sua identidade além de, na época tratar-se de um sujeito, descrito como masculino.

Com a modernidade e sua crescente complexidade, surge a consciência de que este núcleo interior do sujeito não gozaria de autonomia e auto-suficiência, mas iria constituindo-se na relação com outras pessoas, na interação entre o eu e a sociedade. A identidade é vista como formada em um diálogo constante com os mundos culturais exteriores, mantendo um núcleo ou essência interior, ou seja, seu "eu real", costurando o sujeito à estrutura social.

Já o sujeito pós-moderno não tem uma identidade fixa, essencial ou permanente, passa a ser visto como descentrado (não mais egocentrado), fragmentado, composto de um repertório de identidades não unificadas em torno de um eu coerente. Passamos a ser vistos, como tendo uma multiplicidade não permanente de identidades com cada uma das quais poderíamos nos identificar, pelo menos, temporariamente.

Após ser definida histórica e não biologicamente, a identidade do sujeito pós-moderno transforma-se de modo contínuo em relação às formas pelas quais somos representados ou interpelados nos sistemas culturais que nos rodeiam.

A característica plural da identidade proporciona uma flexibilidade que nos impulsiona em diversas direções, já que nossas identificações estão sempre deslocadas.

A concepção de sujeito pós-moderno alinha-se e contribui na perspectiva interdisciplinar de formação do professor e da professora, pois trata-se da construção de uma nova significação e sentido para o fazer pedagógico. Isto tem favorecido reflexões não mais apenas do desenho dos projetos de formação.

A preocupação pelo tipo de formação tem ofuscado questões anteriores, referentes a como os professores aprendem. Considerando suas características de adultos, é preciso que se façam tais questões, para depois disso delinear o formato dos projetos (Hernández, 2000).

O movimento que se percebe pelas indagações de Hernández e com ressonância em outros autores como Hargreaves (1998), Perrenoud (2002), Zabala (1998), etc., recebe uma nova contribuição importante de Pineau (1997), que avança no sentido de dar um novo salto nessa espiral, que é pesquisar como as pessoas apropriam-se daquilo que conhecem.

Conforme Pineau, além do movimento de formação pensado por outras pessoas (heteroformação), na trajetória de vida dos sujeitos, ocorre um movimento de autoformação quando o indivíduo torna-se sujeito de sua própria formação. A consciência do movimento formador transforma-o em um elemento que passa a assumir a própria formação.

Da mesma forma, na escola, deseja-se formar alunos e alunas com autoria, capazes de se autorizarem a pensar com autonomia. Na formação dos educadores, urge que exista um espaço que possibilite vivências desse tipo de ações, espaço de formação em que se continue estudando de forma permanente, aprendendo e desejando aprender.

Nosso olhar para esse sujeito da atualidade, compreendido em sua complexidade pela educação, pode ser ampliado pela Psicologia Analítica, que pode nos auxiliar alargando a percepção sobre o sujeito. Para formar o professor, Educação e Psicologia Analítica podem construir um campo do "entre" que amplia nossa visão desse sujeito. Um sujeito que não é só portador de um ego, mas que possui um inconsciente pessoal e um inconsciente coletivo que o liga ao inconsciente dos outros homens.

Dessa forma, o recorte que a Psicologia Analítica pode oferecer é de alargar a percepção do sujeito da Educação. Já sabemos ser um sujeito complexo, multifacetado e que esta formação continuada ocorra com ele(a), como adulto e adulta.

Ao abordar o desenvolvimento do sujeito adulto, Jung refere-se que o indivíduo continua aprendendo por toda sua vida e, sem dúvida, o aprender possibilita-lhe desenvolver. De certa forma, sabemos pouco a respeito de como se desenvolve esse indivíduo adulto. Se observarmos muitas das várias teorias sobre o desenvolvimento humano, toda a ênfase no crescimento do indivíduo volta-se à finalidade dele tornar-se um adulto. Pouco se sabe o que acontece, depois que o indivíduo torna-se um adulto, sobretudo, como se verifica a aprendizagem na idade adulta.

A resposta da Psicologia Analítica é que os arquétipos vivenciados pelos indivíduos, até então, são novamente constelados quando ele precisa avançar em seu desenvolvimento. Neste momento, é como na metáfora da águia (Boff, 1998), quando não são mais os estímulos externos que a impelem para o crescimento (heteroformação), mas, é sua intencionalidade, o motor do desenvolvimento. Trata-se de uma ação intencional. Novamente se constela o arquétipo do herói que lhe provoca a paixão pelo aprender, pelo buscar, gerando sua dinâmica de autoformação, disponibilizando-o para aprender de forma permanente.

Hoje o professor tem como representação de si mesmo a de um herói, pois são múltiplas as solicitações que a sociedade lhe faz por meio da escola. Funções antes assumidas pela família e pela sociedade que, de uma forma geral, lhe são atribuídas, como cita Frei Beto em entrevista (2002, p. 11)

> *O professor brasileiro é um herói. Ele ganha mal, não tem tempo para pesquisar, é obrigado a dar mais aulas do que deveria, para se sustentar e não encontra espaço para desenvolver o protagonismo na disciplina que leciona. Acaba ficando nessa coisa bancária, como dizia o Paulo Freire, de depositar em cima da cabeça do aluno a transmissão formal do conhecimento. Acredito que todo professor deveria sentir-se parte de um coletivo pedagógico...*

Mas, que herói é esse que aparece nas representações dos professores? Pela influência da cultura que temos, é o herói da modernidade que resolve tudo sozinho, que luta, enfrenta, deseja resolver tudo na força e precisa ser um vencedor.

Para fazer parte desse coletivo pedagógico, dessa parceria de que fala Frei Beto, devemos desconstruir esta visão de herói da modernidade. O que é um herói para nós hoje, na altura de nossas conquistas e evolução? O herói hollydiano é este vencedor. Como são resolvidas as questões das lutas, das guerras? O venerado herói da história é quem mata muita gente que faz retaliações, enfrenta e é aclamado um vencedor. Não é aquele que, pelo consenso, resolve a discórdia sem derramamento de sangue.

Ora, este herói apolíneo foi o herói de um momento histórico. O momento atual é outro. Não nos estará pedindo outro tipo de herói?

Vamos aproveitar para pensar o herói da pósmodernidade e para aqui situar o mito de Hermes como um herói que transita por todas as esferas e dimensões e que não se polariza. Cada situação é potencializadora para ele aprender, ele a transforma em uma aprendizagem, pois não tenta mudar a situação, não briga com ela. Sempre se coloca a questão chave: com esta situação o que posso aprender? Não lutando com ela, mas, acolhendo-a, ele potencializa suas energias para a ação.

4.1. Algumas contribuições pautadas nos referenciais junguianos

Ao longo dos anos, os pressupostos teóricos da Psicologia Analítica, têm constituído um referencial bastante utilizado em trabalhos clínicos, mas ainda pouco explorados na educação, sobretudo na compreensão dos fenômenos que se verificam nas escolas.

Em 1989, a Sociedade Brasileira de Psicologia Analítica criou dois grupos de estudos para educadores; de um desses grupos surgiram, até então, algumas dissertações de mestrado e uma tese de doutoramento. Faziam parte do grupo as educadoras: Ana Maria Quadros, Ayéres Brandão, Claudete Sargo, Ecleide C. Furlanetto,

Eda M. Canepa, Ivani Fazenda, Suely Grimaldi Moreira, Sueli Monteiro (Shu) e Margareth Rocha.

Moreira foi a primeira do grupo a aplicar o Referencial da Psicologia Analítica em sala de aula, recorrendo à Tipologia Junguiana. Embora seja um dos mais conhecidos e difundidos trabalhos de Carl Gustav Jung, que tem permitido entender melhor as diferenças individuais na clínica, pouca aplicação tem tido na compreensão do mundo escolar.

Sua dissertação de mestrado, sob a orientação da Prof.ª Ivani Fazenda, posteriormente, transformou-se no livro "Da clínica à Sala de Aula: uma Investigação Antropológica" (1989), onde utiliza esses pressupostos teóricos para explicar as interações em sala de aula, situações de encontros e desencontros entre professores e alunos.

Moreira (1989) observou crianças com idade entre seis e sete anos, faixa etária em que as funções psicológicas não estão ainda polarizadas como no adulto, e recorrem a todas elas para se relacionar e aprender a realidade. A análise do material coletado para investigação, permitiu-lhe uma pesquisa das atitudes de introversão e extroversão e da função superior, tanto nas crianças como no professor, assim como verificar como se relacionam no contexto de sala de aula.

Até então habitando a clínica, Jung é levado por Moreira (1989) para habitar a escola, e aí sinaliza como o respeito às diferenças pode auxiliar o trabalho em sala de aula. Para o professor ou professora, o conhecimento de sua tipologia, em primeiro lugar, possibilita que trabalhe suas dificuldades; que melhor selecione aquilo que lhe é mais favorável; que se aceite e encontre a forma própria de ensinar e possa ser mais inteiro(a) e, verdadeiro, na relação que constrói com a classe. Por outro lado, o conhecimento da função principal de seus alunos e o trabalho intencional com ela possibilitam o afloramento das demais funções às suas consciências, assim como uma mediação mais adequada na questão do ensino e aprendizagem.

Ainda segundo a pesquisa de Moreira, o respeito às diferenças desenvolve na escola o respeito ao outro como um diferente e auxilia professores e alunos a desenvolverem ao máximo suas potencialidades. Enfim, a tipologia contribui antes de tudo para a ética na escola, uma vez que ajuda a entender cada pessoa, a conhecê-la e respeitá-la.

Com o título de "Uma tentativa de Leitura Simbólica da Escola", Ecleide C. Furlanetto, em 1989, defendeu sua dissertação de mestrado em Psicologia da Educação, na PUC de São Paulo, sob a orientação da Profª. Dr.ª Marli E. D. A. André.

A autora justifica sua pesquisa, esclarecendo que os referenciais teóricos de que dispõe em sua prática de orientadora, têm ajudado esta prática, mas muitas vezes, mostram-se insuficientes, não permitindo observar o ato educativo em sua totalidade. Busca novos referenciais teóricos para educar, mesmo considerando a dificuldade de abarcar a totalidade do ato pedagógico, permitindo que este se revelasse de maneira mais inteira e pudesse olhá-lo sob outros ângulos, sobretudo, que discutisse esse mundo simbólico.

· Assim refletindo a respeito da prática escolar, a pesquisadora constatou que, muitas vezes, a educação considerou o ser humano apenas como racional, ignorando que, além de pensar, o homem simboliza e que, os educadores, além de estabelecerem relações pautadas na lógica do consciente, usam uma lógica mais profunda que é a inconsciente.

A autora tinha como objetivo verificar a possibilidade de usar a Psicologia Analítica, como referencial teórico para ler a Escola, em um nível mais profundo que se projetasse para além do aparente, permitindo detectar qual o movimento vivido por ela naquele momento, quais arquétipos estariam estruturando tal movimento. Usou a abordagem qualitativa, permitindo ver essa instituição de maneira mais ampla e sem perder de vista a apreensão de seu dinamismo natural.

Realizou a pesquisa em uma escola particular, de classe média, nas quatro terceiras séries (atualmente, 1º ano do segundo ciclo) do ensino fundamental onde fez uma observação sistemática das salas de aula, registrando de forma cursiva as atividades, as interações no ambiente e as relações pessoais; enfatizando as falas, as expressões verbais e não-verbais das professoras e alunos e o conteúdo ensinado.

Uma vez que a escola constitui-se em uma Instituição sincronicamente ligada ao social (o qual reflete e serve ao mesmo tempo), concluiu que para transformá-la, primeiramente, é preciso um conhecimento profundo do processo que está percorrendo e da relação que ela estabelece com a sociedade e aí coloca a contribuição de seu enfoque teórico:

> *A Psicologia Analítica pode contribuir de maneira significativa nesse processo que vivemos de ampliação de nossa consciência. Esta pode ajudar-nos a desvelar o mundo do inconsciente, mundo das relações pautadas nos símbolos, até agora pouco investigados pelos educadores (Furlanetto, 1989, p. 63).*

Em 1997, prosseguindo seus estudos baseados na Psicologia Analítica, Furlanetto defendeu sua tese de doutorado intitulada "A Formação Interdisciplinar do Professor sob a ótica da Psicologia Simbólica" na PUC de São Paulo, sob a orientação da Profª. Drª. Ivani Fazenda.

A pesquisa iniciou-se por um sonho no qual uma mulher numa viagem de volta de uma trajetória busca saber mais a respeito da relação que se estabelece com o conhecimento nos ambientes escolares, e como formar professores para mediar essa relação.

O sonho passa a ser visto pela pesquisadora como uma metáfora e para compreendê-la e elaborá-la, resgata sua trajetória profissional e as vivências que a constituíram. Nesse percurso, recupera encontros com teóricos e também com companheiras de estudo e de trabalho que lhe forneceram as ferramentas que permitiram a construção de sua prática pedagógica.

Relatando seu encontro com Jung, a autora fala de outras parcerias que foram sendo compostas para que fosse possível apropriar-se do conhecimento gerado pela teoria do autor. A Sociedade Brasileira de Psicologia Analítica organizou um grupo de estudos para educadores do qual já falamos, relembrando o momento do curso, as vivências que ocorreram, as dúvidas e as aprendizagens partilhadas, inclui as falas das companheiras em sua tese que pontuam as marcas, o estudo e o conhecimento que a Psicologia Analítica deixou em cada uma delas, como educadoras e pessoas.

Nesse processo de formação profissional, expõe entrelaçamento do individual e do coletivo, da subjetividade e da objetividade; indica as matrizes teóricas que foram construídas durante seu percurso profissional e que vão permitindo organizar e sistematizar o conhecimento que foi emergindo desse processo: a Interdisciplinaridade, a Psicologia Simbólica e a Psicopedagogia. Esse caminho possibilitou a reflexão e o início de uma reconceitualização do processo de formação do professor, subsidiado pelas matrizes teóricas.

No ano de 2000, foi a vez de Claudete Sargo defender sua dissertação de mestrado, no Programa de Psicologia da Educação da PUC de São Paulo, sob a orientação da Profª. Dr.ª Cláudia F. L. Davis. Intitulou-se "O Processo de Aprendizagem e sua Articulação com a Dinâmica Relacional entre Pais e Filhos: um estudo a partir da Psicologia Analítica".

O trabalho de Sargo adotou como referencial teórico a perspectiva da Psicologia Analítica de Carl Jung e seus seguidores, mais específico, o Processo de Individuação com focos prioritários nos ciclos Arquetípicos Matriarcal e Patriarcal.

A metodologia usada extraiu dados de relatos de quatro casais, pais de alunos encaminhados para atendimento psicopedagógico e os analisa por meio de categorias construídas *a priori* e *a posteriori*, com base nos informes dos pais, a saber: desejo dos genitores de ter o filho; padrão de interação pais e filhos; promoção (ou não) da autonomia de ação e de pensamento da criança e participação dos pais na vida escolar dos filhos.

A autora pautada nos resultados obtidos concluiu que as dificuldades de aprendizagem das crianças podem estar, do ponto de vista emocional, ligadas à vivência dos Arquétipos Matriarcal e Patriarcal, ora por excesso de procedimentos ligados a esses dois dinamismos, ora por falta de um, outro, ou ambos. Pontua que, nestes casos pode haver prejuízo ao desenvolvimento emocional e cognitivo das crianças com conseqüências para a aprendizagem escolar. Por fim, recomenda aos pais e educadores, que considerem os modos de interação requisitados pelos arquétipos estudados, de modo a contribuir para um desenvolvimento mais harmônico de seus filhos ou alunos.

Não posso deixar de citar o uso do referencial da Psicologia Analítica pela Profª Ivani Fazenda, também parceira do grupo citado, em inúmeras publicações e orientando as teses que se fundamentaram no intuito de refletir sobre o mundo escolar nas idéias de Jung.

Uma outra colega desse mesmo grupo, Eda Maria Canepa, ajudou a compor um livro "(Por) uma Educação com Alma" (2000), com o relato de três propostas pedagógicas experimentais transformadoras, introduzidas no cotidiano escolar da Escola Lourenço Castanho. Eda fala do caminho da arte, do corpo e dos sonhos na educação.

Por fim, com a presente investigação de abordagem interdisciplinar espero estar provocando um novo pensar sobre os projetos de formação de professores e professoras, apoiados na compreensão da constelação do Arquétipo do Herói em nosso psiquismo. Possibilitando falar da trajetória dos professores e professoras como um caminho de enfrentamentos, de desafios e transformações, o mito do Herói reflete os movimentos do Processo de Individuação, conceituado por Jung e da hetero, eco e autoformação, abordados por Pineau que são encontrados em diferentes delineamentos, analisados pela autora.

4.2. O mito e sua função na atualidade

A mesma consideração à negação do mundo dos afetos e sentimentos que fiz sobre as escolas que estudei, faço na atualidade em relação ao inconsciente, como uma dimensão constitutiva do ser humano.

Nos dias atuais, a escola não leva em conta essa dimensão dramática, subjetivante de seus atores. É como se desejos inconscientes, sonhos, emoções, sentimentos ainda fizessem parte de um universo paralelo, com o qual ela não tem de lidar. Isto mostra como a escola demora para incorporar em sua ação idéias e princípios que transitam com algum conforto em outros meios culturais.

Peço auxílio da teoria analítica ou junguiana para falar desse professor ou professora dessa escola, que mesmo não considerando, explicitamente, precisa lidar com os componentes inconscientes de seus atores. Necessita fazê-lo porque eles estão presentes em todo ser humano.

Inicialmente, vamos falar de seu criador, Carl Gustav Jung, de origem suíça, que nasceu, em 1875, em Kesswil e morreu em Küssnacht, em 1961. De formação médico-psiquiátrica, dedicou-se à psicologia profunda, sendo considerado um dos pioneiros na pesquisa da vida psíquica. De início, colaborador e amigo de Freud, vai aos poucos encontrando seu caminho próprio, criando a Psicologia Analítica ou Psicologia Arquetípica. Sua teoria poderá nos auxiliar pessoal e teoricamente, pois nos encaminha para além dos limites de uma psicologia centrada apenas na história pessoal e nos temas patológicos.

Muitas vezes, a teoria de Jung parece obscura e não ordenada ao leitor. É muito difícil expor suas idéias de forma linear, tal a maneira como os conceitos interligam-se em uma espécie de rede. Uma das hipóteses mais aceita é que as formulações nela contidas ficam de propósito, não definitivas, consistindo apenas em esboços de um novo enfoque do fenômeno psíquico. Para Progoff (1970), é característica da obra junguiana abrir constantemente novas áreas ao pensamento e à investigação.

Levando em conta esta observação, algumas idéias e conceitos básicos da Psicologia Analítica ou Arquetípica merecem ser explorados como ferramentas conceituais e de análise neste trabalho. Comecemos com a concepção de mito e sua função nos dias atuais.

Desvelando os mitos nos dias de hoje

Em sua origem grega, Mýthos significa palavra, narração, fala e tem relação com o conceito de expressão. Assim, o mito é um modo de expressar, ver e sentir dimensões da realidade que não se atinge racionalmente, dando-lhe significado e consistência. Nas teorias e sistemas, usamos a linguagem da mente, nos mitos encarnamos a linguagem da alma. Trata-se de um modo de pensar a realidade impermeável à razão e pertence à ordem do vivido.

O reino do mito ultrapassa o tempo, espaço e realidade cotidiana, configurando-se em um universo simbólico que habita níveis mais profundos de nosso interior. No mito, a lógica do intelecto é insuficiente porque exclui o que é misterioso.

Historicamente, o mito origina-se de modo autônomo das profundezas do inconsciente ou baseia-se em um encontro fenomenológico com a experiência transcendental pessoal ou tribal. Nossos antepassados viviam em um mundo animista em que a alma estava em todas as coisas, com isto se sentiam indissoluvelmente vinculado ao Cosmos e seus ritmos.

A Psicologia Analítica considera os mitos como um fascinante acervo de cenários que dramatiza os processos da vida psicológica e os usa como metáforas, criando uma base arquetípica para a terapia do sofrimento psíquico, uma vez que uma nova narração dos mesmos ajuda a evocar a emoção que eles, originalmente, despertavam e com isso podem criar ressonâncias em nosso psiquismo. Assim, todo mito seria a dramatização daquelas energias invisíveis que fluem pelo universo e, por algum tempo, habitam em nós.

Delineando o movimento de nossa alma, cada mito encarna algumas questões perenes, certas situações recorrentes à condição humana, que carregam uma energia, uma verdade, uma emoção profunda que pode penetrar em nosso ser e conectar-nos com um passado distante e com forças primitivas poderosas.

Segundo o relato de suas memórias, a mitologia proporcionou a Jung (1975) uma lente, pela qual pôde distanciar-se e ganhar perspectiva para conseguir mergulhar nos problemas que o preocupavam. Imergir no mito não significava para ele *"retornar a uma liturgia resignada ao destino"* (Zoja, 2001), mas reconstruir um saber. Dizia que, para que nos mantivéssemos sadios, teríamos de integrar o arcaico e o moderno dentro de nossa própria consciência.

A função arcaica do mito era contar as verdades mais profundas do mundo sob a forma de histórias. Para Campbell (1988), acreditar ou não na história não vem ao caso. O importante é que não há melhor maneira de se expressar essa idéia do que por meio de uma história.

Ao estudá-los, estamos em busca daquilo que nos vincula mais profundamente à nossa própria natureza e ao nosso lugar no cosmo.

O mito é algo que nunca existiu, embora esteja sempre acontecendo, e este acontecer permanente aponta sua presença nas novidades do mundo. Como menciona Zoja (2001, p. 13): *"numa época primitiva, os mitos eram experimentados teologicamente, como entidades externas; hoje, psicologicamente, como impulsos interiores mais fortes que a intenção consciente"*.

Nas sociedades primitivas, o mito ocupava uma posição central, alimentava o sentimento coletivo e o imaginário cultural. Além do sentido religioso, desempenhava uma função similar ao sonho para o indivíduo. Assim como a eliminação artificial dos sonhos produz uma patologia, tornando evidente sua necessidade fisiológica e psicológica, a eliminação do mito corresponde aos estados de insegurança coletiva. Nessas civilizações, o mito não se destinava à verdade objetiva, porém, à salvação.

Se fizermos deles, uma leitura preconceituosa, como resquícios de povos primitivos, antes do advento da ciência, corremos o risco de não perceber a contribuição que o passado tem a oferecer para nossos dias, quanto à ampliação de nossas atuais concepções sobre as possibilidades humanas. Assim ignoramos que os motivos da ciência são igualmente mitológicos.

Conforme se refere Eliade (1986), não podemos esquecer que as crises do mundo não são apenas "externas", mas também "internas", como acontecimentos da alma. As questões, explanações e grandes ritmos que, antigamente, dirigiam a alma, por meio do mito vivo, ainda existem em nós e continuam orientando nossas vidas. Somos obrigados a tornar esse processo mais consciente para não vivermos às cegas, enganando a nós mesmos.

Zoja (2001) contribui com esta idéia, embora vivamos uma civilização que se apresenta como nova, científica, nosso psiquismo é o mesmo de sempre, feito da mesma substância. Nossa ciência não produz sabedoria, mas informações. Se temos de falar de espaços geográficos, não precisamos recorrer aos mitos, que na Antigüidade falavam de monstros gigantes que seguravam o globo terrestre. Entretanto, quando se trata dos espaços interiores, de falar dos estados da alma, podemos confiar em metáforas e não em novas técnicas.

A *função dos arquétipos em nossa vida psíquica*

Dentre os principais conceitos formulados por Jung, é preciso entender o que vem a ser *arquétipo* em sua teoria. Em grego, o radical *arche* lembra início, a origem; *tipo* vem de um substantivo referente a uma impressão ou modelo. Arquétipo etimologicamente significa o modelo a partir do qual são impressas as cópias, o padrão subjacente, o ponto inicial no qual alguma coisa desenvolve-se.

Em 1919, o conceito de arquétipo formulado por Jung, foi influenciado por Platão (idéias que precedem a experiência, emanadas dos deuses), por Kant (percepção que precede a aquisição do conhecimento, idéia de uma forma perceptiva *a priori*), Schopenhaur (protótipos ou arquétipos, formas originais de todas as coisas, que nunca mudam nem morrem). Jung diferencia-se desses filósofos, no entanto, conforme entende que os arquétipos promovem experiências fundamentais em nossas vidas.

Para ele, os arquétipos consistem em predisposições humanas típicas para agir, pensar, sentir, cada pessoa, em sua individualidade, pode vivenciá-las particularmente. Existem tantos arquétipos, quantas são as situações típicas na existência da humanidade, isto é, infinitas.

Para a Psicologia Analítica, o arquétipo equivale ao gene para a Genética, ao padrão de comportamento para a Zoologia e ao instinto para a Fisiologia.

Jung observa que os arquétipos estão impressos em nosso psiquismo e precisam de certas situações históricas, a fim de serem ativados na psique coletiva ou individual. Eles nos permitem compreender por que, em locais e tempos diferentes, surgem temas idênticos nos sonhos, nos mitos, nos contos de fada, nas artes, enfim nas produções do inconsciente de um modo geral. Eles são vazios, sem forma, portanto, é impossível que sejam representados. Só podemos vê-los conforme se tornam conscientes e se preenchem de conteúdo individual. Na verdade, por meio de seus efeitos, das imagens arquetípicas que produzem, é que se torna possível visualizá-los.

Para Jung, o inconsciente é uma fonte inesgotável, viva, criativa e transpessoal de energias; o autor usava a palavra *arquetípica* para nomear uma dimensão do mesmo, uma dimensão da experiência capaz de transformar nossa vida. Por que transformar nossas vidas? Como dinamismos dotados do poder de nos impressionar, as imagens arquetípicas apresentam as potencialidades virtuais, insuspeitas que, na trajetória de nossas vidas pedem para serem reconhecidas.

"Imagens arquetípicas" para Jung são aquelas imagens por meio das quais o *inconsciente coletivo* manifesta-se. São manifestações concretas e particulares (ocorrem na consciência individual) que sofrem a influência de fatores socioculturais e individuais. No entanto, não são apenas da própria pessoa.

Ao formalizar o conceito de inconsciente coletivo, Jung alcança a dimensão geradora de toda atividade significativa humana, geradora da própria dimensão social. Neste sentido, todo empenho humano comporta uma base inconsciente, e esta é a matriz de toda produção humana.

Assim, a capacidade de gerar imagens arquetípicas como respostas às experiências é herdada como característica própria de nossa condição humana. No entanto, chamava atenção Jung, pois elas não são resquícios de um pensamento primitivo, não são resíduos sem vida, mas, partes de um sistema vivo de interações entre a psique humana e o mundo externo.

Nesse trabalho, tratar das imagens arquetípicas pode dar a impressão de um comprometimento apenas com um mundo interior, com um mundo de objetos internos; porém, longe disso, elas não criam separação entre interior e exterior, entre sujeito e objeto; representam a interação dinâmica e contínua entre consciente e inconsciente, entre individual e grupal.

Por que focalizo imagens arquetípicas neste trabalho? Qual a relação que tento estabelecer entre as imagens arquetípicas com a formação do professor, como transformação de si, da escola, em um tempo de mudança?

Estas imagens ajudam a construir quem somos. Sabemos que os pensamentos e as ações moldam nossas vidas, entretanto, de uma forma mais poderosa, ainda, estão nossas fantasias, sonhos e as complexas associações carregadas de sentimentos com as quais reagimos às pessoas e eventos. Como relata Christine Downing (1991, p. 76).

> *Quando falamos de imagens arquetípicas não estamos nos referindo simplesmente a imagens oníricas ou mitológicas ou literárias. Em vez disso, estamos falando de uma maneira de responder à nossa vida comum com a nossa imaginação em vez de com nossos recursos pragmáticos ou lógicos. Estamos falando de um jeito de ser no mundo que está aberto a muitas dimensões de significado, a ressonâncias, a ecos, a conexões associativas ou sincrônicas e não apenas às causais. Estamos falando de um mundo que é repleto de signos, símbolos, metáforas e imagens, repleto de significados.*

As imagens seriam o discurso natural de nossa alma, pois enxergamos arquetipicamente, isto é, não olhamos aos arquétipos, porém, vemos por meio deles. Dentre as situações que servem para constelar ou ativar a produção dessas imagens, estão nossos sonhos e fantasias, momentos em que vivemos glórias e fracassos, relacionamentos com outras pessoas. Muitas vezes, uma história que nos chega às mãos por acidente, um mito que buscamos com insistência, pode despertar nosso processo de imaginação e, então, percebemos analogias entre nossa vivência e aquela que se revela à nossa frente.

Se as imagens arquetípicas nos salvam da sensação de isolamento e ausência de significado, abrindo-nos para a renovação e a transformação, temos, sem dúvida, de levar em conta os arquétipos quando atentamos para a questão da formação, em especial, creio eu, o Arquétipo do Herói que possibilita nossa transição por diferentes níveis de transformação.

4.3. O mito do herói

Para Jung "imagens arquetípicas" são aquelas pelas quais o inconsciente coletivo manifesta-se. Algumas dessas imagens têm o poder de nos colocar em contato com o que parece ser a própria fonte de nosso ser.

As imagens arquetípicas constituem um importante espelhamento de nossa experiência interior e das interações com o mundo à nossa volta. O encontro com uma dimensão do inconsciente, que é a fonte viva, criativa e transpessoal de energia e direcionamento inesgotáveis tem a capacidade de transformar a vida de uma pessoa.

A figura do herói é, talvez, a mais familiar de todas as imagens arquetípicas. Campbell em seu livro "O Herói de Mil Faces" (1998) apresenta um padrão sempre recorrente de uma jornada heróica e uma variação infinita de maneiras, pelas quais esse padrão é vivido. Em sua análise, evidencia como o arquétipo molda a vida de figuras mitológicas, mas também a de cada um de nós. Assim, o arquétipo do herói espera que possamos dar-lhe nossas boas-vindas.

Na mitologia, os heróis empreendem uma busca que é idêntica na essência e, portanto, reflete uma estrutura profunda da cultura humana ou um motivo arquetípico único, o "monomito".

Neumann (1968), seguidor de Jung, discrimina a busca heróica da cultura e o processo psicológico pessoal. Em seu livro Origem da Consciência, faz uma leitura da jornada mítica do herói, do ponto de vista psicológico como *"a história da auto-emancipação do ego, que se esforça para se libertar do poder do inconsciente e firmar-se como presença própria, vencendo obstáculos monumentais"* (p. 167).

O mito universal da jornada do herói retrata um percurso básico que é percorrido pelas pessoas quando vivenciam o arquétipo da transformação, o que significa que vários elementos existentes na mitologia do herói parecem ocorrer em qualquer mudança ou transformação porque passamos. Como menciona Sargo (2000, p. 19):

A passagem de um dinamismo para o outro, ainda que se realize gradualmente, exige um esforço muito grande da psique. Para ajudar a entrada do arquétipo seguinte na consciência, é ativado o arquétipo do herói, isto é, o potencial energético que o sujeito utiliza para ajudá-lo nesse salto.

Pois bem, este mito universal da jornada do herói, é fonte de inspiração para este trabalho de conhecimento do educador.

A história da jornada do herói segue um padrão básico – o herói é alguém que ouve o chamado da aventura e o segue. Para exemplificar isto, imaginemos um professor ou uma professora que se encontra de certa forma adaptado ao ambiente cultural de sua escola, goza de algum prestígio entre os colegas, alunos e respectivas famílias; domina o conteúdo disciplinar do que ensina, mas anseia pelo novo, pelo extraordinário.

Em algum momento da vida do herói, esse fascínio pelo extraordinário intensifica-se, tornando-se "a experiência do chamado". Chamado este que pode assumir múltiplas formas, desde um convite de um colega, um filme, um livro, uma sugestão de alguém, um sonho, uma voz interior. Qualquer que seja o caso, o chamado que chega à consciência é taxativo – "a vida é mais do que você está vivendo".

Não importa como venha, o chamado ressoa no fundo do ser e aí permanece até ser realizado pelo herói, ou então, destruído pela pessoa que não segue os "ditames de seu próprio coração".

O Chamado

Venha
Navegue comigo neste
calmo oceano.
As margens estão longe, a
superfície tranqüila
Somos navios no oceano e
somos um com o oceano
Uma pequena onda se
espalha atrás de nós,
viajando pelas águas
turvas. Seus sutis
movimentos registram
nossa passagem.

Nossas ondas se encontram
E formam um padrão que
espelha o seu movimento
para o meu.
Quando outros navios, que
também somos nós,
navegam pelo oceano que
somos nós outra vez,
suas ondas se misturam
com as nossas.

A superfície do oceano
[ganha vida
Com onda após onda,
[colheita após colheita
São elas a memória de nosso
[movimento, o traçado de
nosso ser.

As águas murmuram de um
[para o outro,
e de nós para todos os que
[também navegam:
Nossa separação é uma
[ilusão; somos partes
[ligadas de um todo.

Somos um mar com
[movimento e memória.
Nossa realidade é maior do
[que você ou eu,
do que todos os navios que
[atravessam estas águas,
e do que todas as águas que
[navegamos

(Joseph Campbell)

A jornada do herói desenvolve-se em torno do tema do herói e de sua contrapartida, que é a resistência. O chamado instala, portanto, o primeiro nível de resistência. O indivíduo não quer arriscar-se e perder a situação de adaptação e de conforto em que se encontra. Para poder iniciar a jornada, o herói precisa reconhecer a situação e lidar com ela.

Ao longo do caminho, como nos Contos de Fadas surgem auxiliares, pessoas que encorajam, guias ou amigos que indicam pontos perigosos e vantajosos da estrada. Um espírito-guia dá ao herói um instrumento de poder para as batalhas no limiar e provas no âmbito do Mysterium. Excalibur, a espada recebida de Merlim pelo rei Artur, é um exemplo de instrumento de poder; o próprio escudo de Atenas que ela oferece a Perseu e mesmo nos Contos de Fadas, a carruagem, o vestido de baile e a comitiva que a Cinderela recebe de sua fada madrinha, são exemplos de instrumentos de poder.

Assim equipado, o herói vai até o ponto sem retorno, chamado de o limiar da ventura que, em geral, toma a forma de um portão, de uma entrada de caverna, da orla de uma floresta – uma passagem para o outro mundo.

Quando chega, o herói depara-se com um dragão, um guarda do castelo, um cão tricéfalo, algum guardião do limiar que impede a entrada. Esse guardião é o segundo nível de resistência e representa todas as forças auto-sabotadoras existentes em nossa personalidade.

Nesse momento, há um confronto entre o herói e o guardião que, muitas vezes, é chamado de "demônio da resistência" até se chegar a uma resolução. Por vezes, o herói é acompanhado pelo demônio transformado e continua a penetrar no misterioso mundo interior.

Na saga do herói, o mundo interior é um lugar extraordinário, uma floresta encantada, plena de prodígios sobrenaturais. O herói segue seu caminho, deparando-se com o novo, com o desconhecido ou o incomum. Entretanto, agora, armado do conhecimento decorrente de seu confronto no limiar e provido de seu instrumento de poder, sente-se preparado para lidar com qualquer situação. Ele logo encontra sua provação suprema, uma batalha monumental com seu temor básico.

Por fim, consegue a recompensa da jornada. É o Graal, o tesouro ou o casamento interior que o herói procurou. É o dom da vida que vem depois da noite longa da morte, a cura com a qual o herói volta para casa.

Quando cruza outra vez o limiar, os aspectos mágicos do Mysterium são deixados para trás, mas a percepção e a plenitude da jornada permanecem, para melhorar ou modificar a situação em sua vida. Assim, completa-se a jornada.

A jornada do herói, simbolicamente, como diz Campbell, é a da Individuação, descrita por Jung que consiste em uma série de desafios, de riscos que se os aceitamos correr, podem liberar nossa mais profunda expressão criativa e, conseqüentemente, desenvolver uma base ampla para nossa auto-realização.

O Autoconhecimento

Pela análise do mito, consideramos que o autoconhecimento parece ser na saga do herói o mais valioso de seus instrumentos de poder e importância para nossa transformação. O herói pede para trabalhar com nossas amarras internas, reconhecê-las dentro de nós e que não nos sintamos vítimas dos eventos externos.

A abertura para o autoconhecimento não é perda de limites, nosso "eu" pode sentir-se um com o todo, sem perder a identidade individual que nos torna únicos.

De acordo com o mito, para conhecermos realmente a nós mesmos, precisamos penetrar no que Jung chama de nossas "sombras", aquelas partes que desconhecemos porque alijamos de nossa consciência. Temos de descobrir essas forças sombrias que nos espreitam e ameaçam – penetrar em nosso inferno para nos confrontar com os "fantasmas" que nos habitam e, silenciosamente, nos dominam com os medos que nos paralisam e os conflitos que exaurem nossas energias.

Se passo a passo desbravarmos outras regiões do inconsciente, poderemos descobrir em nós mesmos, capacidades até então ignoradas, qualidades com as quais não estamos conectados, nossas verdadeiras vocações, nossas potencialidades mais elevadas. Descobrimos, também, a imensa reserva de energia psíquica indiferenciada que está latente em todos nós e que é a parte plástica de nosso inconsciente a nossa disposição, investindo-nos uma capacidade ilimitada para aprender e criar.

4.4. O herói do mito

> *"...recai sobre nós (hoje) a incumbência e o*
> *dever de criar significado em nossas vidas.*
> James Hollis

Na questão da formação dos professores, lançar mão do mito do herói tem a preocupação de resgatar o sentido e significado de seus ofícios, de suas práticas, de importância vital para eles mesmos e ao desenvolvimento de nosso País.

Hoje, no Brasil, o exercício do magistério é considerado temerário. Não são apenas os professores de escolas da periferia, de favelas, mas também os que trabalham em centros urbanos que põem todo dia suas vidas em risco. Violências de todas as formas invadem nossas escolas e a exclusão social multiplica-se.

Se o professor é alguém que vivencia o mito do herói, devemos indagar: – mas o que é ser herói, em um cenário indefinido nos dias atuais, em um campo aberto de indeterminações?

O conceito de herói aparece amarrado à modernidade – alguém com ego estruturado, vencedor, que faz, realiza e, portanto, está alavancado ao futuro. A consciência coletiva cobra uma realização heróica da vida em oposição à fraqueza. A sociedade parece estimular a atitude apolínea, e tudo que fica fora, é execrado. A luta é pela força, pelo enfrentar, tomar decisões, ser responsável, identificar-se com Apolo-Prometeu, o herói típico.

O deus Apolo centraliza a consciência do homem da modernidade que está por trás do sucesso na vida e na sociedade, da busca pela dignificação e, em decorrência disso, corre o risco de buscar o poder pelo poder e petrificar-se. Assim, essa unilateralidade que sustenta esse esforço pelo sucesso e poder vem, geralmente, acompanhada de uma inquietação profunda, uma sensação de ausência de sentido, de depressão, etc. que se apossa do homem de nossos dias.

Hermes na mitologia

Arquétipo do inconsciente, Hermes é considerado o guia que ajuda a preservar o equilíbrio psicodinâmico de um indivíduo, propicia encontros psíquicos herméticos, pelos quais podem ocorrer o resgate e a mobilização desse equilíbrio. É conhecido como mensageiro dos deuses; no plano mitológico, conecta os deuses e deusas com os homens, funcionando como um vinculador.

Hermes é o deus que toca os pontos em que nossas aflições são mais doloridos e cria nossos vínculos com eles. Ao mesmo tempo, conexa-os conosco. Então, como vinculador, possibilita uma nova maneira de ver um determinado episódio de nossas vidas ou de uma patologia que, durante muito tempo, exerceu sobre nós um domínio inconsciente. Com isso acaba revelando o valor psíquico daquilo que não parecia ser relevante ou que se havia mantido oculto. Hermes é um deus de transformação, pois mantém nossa psique em constante movimento (Pedraza, 1999).

Os estudiosos do período clássico grego apresentam uma visão interessante de Hermes como "pilha de pedras". As pilhas de pedras, colocadas ao longo do caminho, demarcavam os limites e as fronteiras geográficas e acabaram tornando-se os altares primitivos consagrados a Hermes, que também ficou conhecido como "senhor das estradas". Simbolicamente demarca nossos trajetos e limites psicológicos e estabelece o território com base em nossa psique, tem início o desconhecido, o estrangeiro. Hermes dá a imediata sensação da realidade de nosso ser, permite-nos sentir nossa própria dimensão primitiva, experimentar a sensação do instintivo em nós.

Há outras imagens arquetípicas de Hermes: como realizador de conexões, deus do comércio, mensageiro dos deuses, senhor dos caminhos. Hermes ou Mercúrio permeia o mundo por causa de sua habilidade para fazer conexões, seu aspecto limítrofe favorece sua amizade com os demais deuses e deusas. Não luta com nenhum deles, quando estes se engalfinham entre si. Isto porque não tem necessidade de lutar para garantir seu centro, na verdade, nem tem um centro, uma morada permanente. *"Está sempre a caminho, entre o aqui e o mais além"* (Pedraza, 1999, p. 41). A partir de sua linha limite, vincula-se às esferas de outros deuses e tem intercâmbio psíquico com eles. Ele é o vinculador e mensageiro dos deuses.

Hermes pode ser igualmente o servo do arquétipo da cura, instrutor de Asclépio que, de maneira mais diferenciada, sabe como vincular o paciente com o arquétipo que o deixou doente, provendo a recuperação de sua saúde. Por meio dessa conexão que propicia, ou então, como mensageiro dos deuses e guia das almas pode ser também nosso companheiro. Quando imersos em nossa dimensão mais solitária, naqueles momentos únicos quando descobrimos que algum sentido é dado à nossa vida; por certo, Hermes, está nos tocando com seu bastão misterioso (Pedraza, 1999).

O mundo de Hermes não é heróico, mas baseado na astúcia e na sorte; possui uma predileção toda sua pelo lidar com o lado não dignificado da personalidade. Além de não ser heróico, não ser dignificado, e de colocar-se a serviço, não está ligado à autoridade pela força, nem fica preso a uma autoridade legitimada burocraticamente.

Por isso o herói hoje "tocado" e possibilitado por Hermes permite-se a experiência da vulnerabilidade, a vivência que ajuda equilibrar poder e impotência e, por decorrência, essa integração conduz a uma nova matriz relacional muito diferente da tradição heróica e patriarcal.

Por que dar a Hermes o direito de personificar o herói de hoje? Porque ele rege o herói que se transforma, conforme a realidade não só tem mil faces como dizia Campbell (1998), mas assume facetas, como se faz necessário. É o mais psicológico dos deuses que solicita relacionamentos simétricos.

Quando o professor ou professora é tocado pela energia de Hermes, ensinar torna-se um trabalho criativo; gosta do que faz, tem paixão pelo seu ofício, como um artista enamorado de sua arte. Neste momento, seu trabalho ganha sentido. Este professor ou professora torna-se um homem hermético, generoso a oferecer o que sabe, pois está inteiro, integra Self-Ego. Em outras palavras, Hermes possibilita a esse professor ingressar no que poderia ser a aventura de sua própria individuação, processo este que chamaremos de uma "intervenção hermética".'

5. A autoformação
e a individuação

*"Não te curarás com o que sabes, mas com
o que és"*

Carl G. Jung

Ao falar da formação de pessoas, Pineau (1988) assinala que podemos encontrar a heteroformação como o projeto organizado pela ação de outras pessoas que não o sujeito ou sujeitos interessados. É talvez o mais comum movimento de formação e, nossa experiência com formação de professores, quase exclusivamente, se centra nesse paradigma. Pelas idéias de Pineau, há uma concepção estática do decurso da vida, segundo a qual mudanças mais importantes ocorrem na infância e adolescência. A vida adulta é vista como estabilizadora das transformações já verificadas no período de crescimento biológico, não contribuindo com outras mudanças igualmente decisivas.

Por outro lado, para Pineau há uma formação, que não é planejada, é ocasional, não-intencional e realizada pelo meio ambiente, pelo contexto social em que o indivíduo encontra-se – a ecoformação. Articulada a estas duas e dependente delas, como uma interface da hetero e da ecoformação, haveria uma terceira força de formação a autoformação, quando o próprio indivíduo apropria-se de seu próprio poder de se formar, orientando e gerindo seu processo educativo. O indivíduo torna-se palco de individuação, pois cada um vive à sua maneira.

A autoformação é contestada por muitos pela dificuldade de ser definida e delimitada e pelos defensores dos determinismos externos, segundo o autor referido, não tem sido objeto de muitas investigações, como mereceria.

Para Pineau (1988), a autoformação (em sua maturidade) corresponde a uma dupla apropriação do poder de formação: tomar nas mãos este poder (tornar-se sujeito), mas também aplicá-lo a si mesmo. Tornar-se objeto de formação para si mesmo. Há, portanto, uma dupla operação, na qual o indivíduo desdobra-se em um sujeito e objeto de tipo muito particular, tomando para si mesmo, seu próprio fim, tornam-se autodidatas permanentes.

Isto implicaria ver a vida adulta não de forma tão linear, mas, ciclicamente em etapas que se integram, nas quais a mudança se faz constante e o indivíduo adota fórmulas de aprendizagem individualizadas e autodidatas. Isto se dá justamente quando o indivíduo descobre o distanciamento entre as aprendizagens escolares e as solicitadas em sua prática profissional. Vai em busca do que precisa e, isto é o motor de sua autoformação.

A idéia de autoformação parece em nível de formação de pessoas muito próxima ao conceito de Individuação proposto por Jung. Trata-se de um roteiro pessoal que cumprimos durante a vida e que possibilita nos discriminarmos das outras pessoas, e concretizarmos nosso estatuto de ser único e singular.

No livro Psicologia e Alquimia, Jung (1981) explica o que vem a ser o Processo de Individuação. Na alma de cada ser, haveria um processo de certa forma independente das condições externas e em busca de um alvo – *"o homo totus"*. O processo visaria, então, a um homem total, oculto, ainda não manifestado, que é presente e futuro ao mesmo tempo. Seria uma resposta ao enigma da vida, que abre em nós uma faculdade, um olho novo, ou melhor, a iluminação do olho do coração, que põe fim às dualidades, destrói o tempo e nos permite ir além do ego. Isso nos leva a atingir uma condição que nos põe em contato com o mistério oculto e com nossa essência que confere ao mundo seu significado.

Não se trata de uma jornada linear. Para Plotino, a alma move-se em círculos, assim, nossa vida não segue reta para a frente, mas vacila, vai e volta, hesita e repete-se. No caso da formação dos professores, haveria um eixo próprio de formação que não exclui nenhuma das experiências e vivências do indivíduo, por mais distantes que elas (a nós, externamente) possam parecer. Nesse sentido, "tudo foi válido", incluindo os abandonos, as deserções e, muitas vezes, o (re)torno ao ofício de professor. Não é raro ouvirmos o testemunho de professores que confirmam que estas escolhas só lhes tinham adiantado o fascínio que a profissão exerce em suas vidas.

A Individuação pode ser entendida também como a aceitação de viver a própria vida, aceitar a responsabilidade pelo percurso da própria existência e pelo significado que ela contém, como também o direito de experimentar o caminho absolutamente diferente que se pode percorrer daquele trilhado pelas pessoas que vieram antes de nós.

Ainda para Jung, o desenvolvimento do ser humano processa-se por intermédio de transformações de sua consciência. Transformações estas identificadas pelas etapas que, embora não necessariamente sejam associadas à idade ou à experiência do indivíduo representam um modo de pensar e posicionar-se frente à vida e ao compromisso com o próprio desenvolvimento. Nesse sentido, pensamos que a autoformação seja um eixo vital, um indicador da Individuação. E se confrontarmos as idéias de Hollis (1997, p. 57), poderemos reforçar esta tese:

> *... estamos agora obrigados a nos posicionar de modo mais consciente e responsável perante o universo. Em termos junguianos, cada um de nós tornou-se responsável por sua própria individuação. A individuação não é só o impulso natural e inerente em nosso íntimo para que nos tornemos quem somos destinados a ser, mas o imperativo moral da dimensão consciente para cooperar e promover os misteriosos desígnios da natureza por meio das particularidades de cada pessoa.*

Pineau (1988) considera que o caminho da autoformação é individual, não permite ser imitado, mas, constitui-se na realização de uma vocação rigorosamente pessoal, na individuação temos de tecer nossa própria roupa, não podemos vestir a roupa do outro, por mais atraente que ela seja. No caso da formação dos professores, a autoformação e a individuação convidam o professor, a professora a buscarem seu jeito de exercer o ofício de ser professor.

6. Projetos de formação de professores

Durante mais de uma década, trabalhei como professora formadora em um Centro de Estudos de uma escola onde exercia também a função de orientadora e coordenadora pedagógica. Os cursos geralmente tinham a duração de oito horas e eram relacionados a temáticas educacionais atuais, sugeridas em avaliações de cursos anteriores.

No entanto, mesmo procurando integrar teoria e prática, suscitando questões ligadas ao cotidiano dos participantes e dando um cunho interativo a esses cursos, eram preponderantemente pontuais. Em relação a este tipo de curso, assim se refere Pimenta (1997, p. 32):

Cursos de pouca duração, palestras, e outros trabalhos sem continuidade não favorecem a for-

*mação do educador, [...] são muito pouco eficien-
tes para alterar a prática docente e, conseqüentemente, as situações de fracasso escolar, por não
tomarem a prática docente e pedagógica escolar
nos seus contextos.*

Nem sempre os professores que freqüentam esses cursos, arcando com seus custos, fazem parte do grupo que exerce a liderança efetiva na escola em que traba-lham. Muitas vezes, relatam que não propagam o que estudaram para não serem motivo de discriminação.

Qualquer formação deveria ser contínua e a longo tempo, abrangendo grande parte da equipe escolar, o que significa partilhar idéias e experiências, reforçando a importância das relações sociais, interpessoais e grupais que se estabelecem no ambiente escolar.

Caso ela não conte com esses espaços de troca, é preciso reinvindicá-los, para que se "...*opte-se pelo rom-pimento dos limites do que é uma escola: não é apenas um lugar para aprender, mas também para viver (melhor)*" (Hernández, 2002, p. 11).

Para Mário Sérgio Cortella (2000), há um "seqües-tro semântico" nos últimos tempos: a idéia de repartir passou a ser entendida como dividir. Dividir, diz o autor, é fragmentar, enquanto repartir significa partilhar, cuidar para que o outro também tenha. Pois bem, esse repartir na escola, desde responsabilidades, sonhos, desejos, conhecimentos pode resultar em atitudes de parceria e solidariedade, valores e princípios éticos que servirão de modelos aos alunos, a seus pais e à comunidade próxima da qual ela faz parte.

A sensação de realizar um trabalho que possibilitava poucos espaços de formação aos professores, levou-me a buscar cursos mais duradouros, projetos que oferecessem tempo e espaço de reflexão e de troca de experiências. Narro e analiso, três diferentes projetos de formação que coordenei nos últimos anos.

Projeto transformação

Em 2000, como voluntária, colaborei na formação continuada de professores e professoras da rede pública municipal e estadual do município de Cotia.

As monjas de um templo budista realizavam trabalhos comunitários com jovens, orientação de famílias e complementarmente visavam a contribuir com a formação continuada dos professores das escolas públicas de Cotia. Tinham como referência a escola Sidarta, muito considerada pelo seu ensino de qualidade, assessorada pela Escola do Futuro da USP.

Os voluntários eram divididos em várias equipes. Um grupo preparava a sala, organizava o material a ser usado (flip sharp, folhas de sulfite para as questões e respostas, apostilas, etc.). Outro era encarregado do espaço externo (colocar sinalização para os sanitários e telefone, preparar a mesa de entrega de crachás e a lista de presença, organizar uma mesa com água e café, além de cuidar da manutenção dos banheiros etc.). Uma terceira equipe auxiliava o preparo das refeições e a quarta era a equipe de observadores e acompanhamento dos grupos. Após os encontros, nos dias de curso, essas equipes permaneciam mais tempo para avaliação, fazendo mudanças e reajustes para o próximo encontro.

Coordenei esse trabalho com outra formadora – Silvana M. S. Pereira de Aguiar, assessora de empresas na área de Recursos Humanos com vasta experiência em relações interpessoais, além da prática de meditação. Tendo morado na Índia alguns anos, conhecia algumas técnicas expressivas e vivências oriundas do mestre indiano Osho.

Quando comecei a colaborar no projeto, já havia um esboço de programação bastante acentuado no autoconhecimento, porém, por força de minhas experiências de formação, fui introduzindo um conteúdo mais relacionado à problemática educacional dos professores da região. Uma formação era constituída por uma mescla de várias escolas estaduais e municipais, representadas pelo respectivo diretor, coordenador e dois ou três professores. Como não era um evento obrigatório, não se tratava de um investimento nem da Prefeitura, nem do Estado, o convite fora feito às escolas e não se garantia de início essa cota de presença.

Conforme os encontros ocorriam e propagava-se no "boca a boca", passamos a receber muitos profissionais interessados nesta formação, cujas reuniões aconteciam em dois finais de semana (aos sábados e domingos), tendo 45 a 50 professores e professoras na maior parte das vezes. Os encontros aconteciam no Colégio Sidarta, localizado no quilômetro 24,5 da Rodovia Raposo Tavares, no município de Cotia.

As excelentes condições físicas do local, as instalações adequadas, o tipo de alimentação oferecido e a acolhida que era dada aos professores pelas equipes responsáveis, transformaram estes quatro dias em uma experiência profunda e agradável para todos.

Os cuidados com a formação de vínculos e com uma boa "escuta" dos professores por parte das equipes de assessoramento, também foram fatores determinantes no processo. A impressão é que cada professor, em particular, e todos, de uma forma geral, eram tratados com a dignidade devida.

Alguns princípios, acordados com o grupo, sustentavam a realização dessa formação como o respeito aos prazos estabelecidos na programação. Havia o acompanhamento de uma coordenadora em cada grupo, favorecendo que dinâmicas e conclusões aproveitassem adequadamente o tempo.

Participar desse trabalho implicava não se ausentar de nenhum dos encontros, visto que a temática de cada dia era diferente e faltar significava ter sido mobilizado, sem a garantia de suas reflexões posteriores, além da ocupação de um espaço que poderia ter sido de outro professor(a). Por outro lado, o respeito era garantido a toda pessoa, por sua condição de ser humano, independente da idade, cargo ou posição que ocupava no grupo.

Nenhuma pessoa, por razão alguma, merecia mais respeito do que qualquer outro membro da equipe.

O trabalho apresentava-se como um *breakthrough*. Do inglês *break* (quebrar) *through* (através), o termo significa uma mudança inédita, fora do comum, que não seria previsível pela ordem natural das coisas, exigindo a criação de novas possibilidades, novos "pontos de vista", o que requeria investigações e perguntas. Um provérbio chinês exemplifica bem tal comportamento: "Insanidade é fazer todos os dias a mesma coisa e esperar resultados diferentes".

Havia uma parada de quatro dias, projetada para levar os professores a observar e reconhecer o que consideravam limitante, e buscava-se criar outra relação com este "limite". Visava a alguns objetivos formalizados em seu delineamento, mas se constituíam de fato durante o processo.

Nessa formação três olhares comungavam-se: um olhar "para fora", para a realidade, que partia da visão macro da Rede de Ensino de Cotia até a escola onde ensinavam aqueles professores; um olhar "para perto" às relações na escola, no trabalho coletivo e um olhar "para dentro de si mesmo". Nenhum deles sustentava-se sem os outros, havendo uma circularidade entre eles.

Primeiro dia de formação: "Um olhar para fora"

O início do primeiro dia contava com as boas-vindas de um dos membros da equipe de fundadores do

Colégio Sidarta ou algum representante da Blia. Ele abria as portas da escola para receber o grupo de professores e dava todas as orientações sobre o local (localização do telefone público, sanitários, fumódromo, número do telefone da escola) e informações sobre os horários de intervalos para lanche e encerramento.

As intenções desse dia partiam da tentativa de "fotografar" como estava a escola pública do município de Cotia e seu direcionamento. Procuravam identificar os Paradigmas de Educação que sustentavam as suas ações de professores e como estes condicionavam o dia-a-dia em suas escolas. Buscavam identificar as principais tendências e descontinuidades que impactavam a educação em suas escolas e quais deveriam ser as principais questões vistas como objeto de transformação.

Para cada uma das intenções desse primeiro dia, algumas questões foram formuladas de antemão e refletidas pelos grupos. Estes já haviam sido organizados de forma que, nesse início dos trabalhos, pudessem conhecer companheiros(as) de outras escolas. Cada professor recebia uma apostila com algum conceito básico relacionado às questões. Toda vez que os educadores deixavam a sala para um intervalo, na volta eram convidados a trocar de lugar para que formassem redes de vínculos com pessoas diferentes.

No final de cada encontro, a reflexão dos vários grupos acabava criando um mapa da situação educacional das escolas, nos quais os professores(as) trabalhavam no município de Cotia. Era um diagnóstico coletivo, visto também como instrumento de avaliação das escolas, possibilitando o desenvolvimento de um olhar crítico sobre elas e incentivando a cooperação e a transformação.

Representávamos esse projeto com um esquema de círculos, considerando que estávamos no primeiro círculo, constituído pela realidade atual. Poderíamos passar para um segundo que estava ainda por acontecer, que seria o futuro almejado dependendo de um compromisso coletivo, pautado na análise de onde nos encontrávamos. O primeiro dia fotografava nossa "localização" atual para que pudéssemos romper com o já estabelecido, considerado pelo grupo como inadequado e prejudicial à educação.

Algumas questões serviram de eixo às dinâmicas de fotografar a realidade. Iniciamos uma discussão levantando o entendimento do grupo sobre o conceito de paradigma. Para que essa noção pudesse ficar mais clara, assistimos a pequenos trechos de um filme que exemplificava alguns paradigmas que sustentam nossas ações no dia-a-dia e que determinam nossa visão compartilhada de mundo. A discussão preparou-nos para a reflexão da primeira questão do dia: *"Quais eram os paradigmas encontrados no sistema educacional público de Cotia?"* Seleciono aqui respostas dadas pelos professores com mais freqüência:

> *O ensino público é considerado inferior ao particular. A formação dos alunos no ensino público é ruim. Os indicadores dessa situação seriam os poucos registros nos cadernos, a não realização dos deveres de casa, etc..*

Só os alunos menos favorecidos economicamente estudam em escolas públicas. As pessoas que freqüentam a escola pública hoje pertencem às classes de baixa renda. Existe uma crença de que ser pobre é sinônimo de incapacidade para aprender. Assim a escola pública é vista como um castigo, e as políticas públicas investem pouco em recursos e formação de professores.

O ensino público é mecânico, não prepara o educando para o trabalho nem contribui para sua formação intelectual.

Há uma concepção de que escola não é para ensinar a pensar, mas para dar o conteúdo "pronto", portanto, o professor torna-se o "dono do saber". Pressupõe o aluno prestando atenção e tomando nota.

Em nossas escolas, ainda vigora a idéia de que se aprende ouvindo o professor discorrer sobre o assunto e que todos os alunos aprendem de forma igual. Isto faz com que haja grande quantidade de alunos por classe, sem qualquer atendimento individualizado.

Há burocracia em excesso nas escolas, assim como ausência de autonomia no trabalho escolar.

"Existe uma crença social de que os professores que ficam na rede pública, são menos qualificados."

Os professores são considerados executores de decisões vindas de órgãos superiores e, portanto, são desvalorizados.

Os alunos que apresentam dificuldades são vistos como portadores de distúrbios e não pessoas com diferentes jeitos de aprender ou que aprendem de modo distinto da maioria.

Provavelmente, estas respostas não diferem muito das que dariam professores ou professoras de outras escolas públicas, esses professores podiam socializar a representação que tinham deles mesmos e de sua escola.

Assim começava a ganhar nitidez o quanto eles mesmos tinham incorporado essas crenças que supunham ser apenas das famílias e da sociedade. Por outro lado, percebiam que a reflexão e a tomada de decisões coletivas eram necessárias a qualquer mudança em seus locais de trabalho e na educação.

Outra questão proposta recaiu sobre a relação família-escola: "Qual a representação que os pais têm da escola pública? Que função lhe dão? Eles têm consciência de que são contribuintes e podem exigir uma escola melhor para seus filhos?" As respostas mais freqüentes foram:

Não existe uma relação de parceria entre a escola e a família. Os pais são meros espectadores, não acreditam que a escola seja também de sua responsabilidade. Eles esperam que as soluções venham dos governantes e colocam a responsabilidade no poder público (diretor, professor, governo, etc.).

A escola ainda é vista pelos pais como um local onde podem deixar seus filhos e filhas para que possam ir trabalhar tranqüilos.

De maneira geral, os pais não têm consciência de que são contribuintes e que, por isso, podem exigir uma escola melhor para seus filhos. Não cobram melhorias nas escolas, não participam quando são chamados, sentem-se fora do sistema.

Os pais não estão satisfeitos com a escola porque acham que o ensino é de baixa qualidade e que não tem conteúdo. Reclamam da merenda, alguns questionam a proposta pedagógica da escola e muitos criticam a reorganização dos ciclos escolares.

Eles consideram que as escolas públicas de Cotia (e de uma forma, em geral), estão melhorando, mas não são tão boas quanto as particulares. Esperam que os professores faltem menos. Percebem diferenças entre o ensino municipal e estadual.

Atualmente, os pais estão se mobilizando mais para fazerem parcerias com a escola. No geral, acham que houve melhoria no ensino, mas ainda não estão seguros se os filhos, realmente, estão aprendendo.

Os pais chegam a fazer reclamações sobre a parte estrutural, mas, poucas vezes, o fazem com relação à pedagogia adotada nas escolas.

Outra questão proposta foi: "Quem é o cliente (sujeito) de sua escola? E as respostas mais comuns foram:

Pais, as famílias e a comunidade próxima (líder da favela, agente comunitário, vereador do bairro, etc.).

O cliente (sujeito) é o aluno e seus pais.

Em algumas escolas os pais estão começando a questionar o número de faltas dos professores, o tipo de avaliação, a quantidade de trabalho para fazer em casa (falta ou excesso), tratamento dado ao aluno ou aluna, etc..

> *O cliente (sujeito) da escola é o aluno de classe média/baixa, que pode aprender na escola, dentro de seus limites e que precisa ser estimulado.*

Estas respostas demonstram que a comparação entre a qualidade de ensino da escola particular e a pública aparece também nas concepções dos pais, segundo a representação dos professores. Havia consenso entre os professores de que se os pais pudessem, colocariam seus filhos em escolas particulares, negando a si mesmos o direito e o dever de lutarem por uma escola pública melhor.

Por outro lado, esses professores verbalizavam ter consciência de que precisavam fazer parcerias com as famílias, conhecê-las, acolhê-las para a realização de uma "comunidade educativa".

"Quais os principais aspectos do mundo de hoje que interferem na escola e o quanto isto impacta seu trabalho?", foi outra questão feita aos professores de Cotia. As respostas mais freqüentes foram:

> *A desestruturação das famílias. A escola hoje está tendo de assumir o papel que antes era da família.*

> *A informática e Internet. Paralelamente existe ausência de recursos tecnológicos para auxiliar o trabalho pedagógico na escola. O aluno hoje é mais informado, mas ao mesmo*

*tempo é mais consumista, menos crítico e, por-
tanto, submetido a uma inversão de valores.*

*Drogas e violência: a criança cresce rapi-
damente, a escola não acompanha estas mudanças, e quer que o aluno mantenha o mesmo
comportamento. O aluno não é mais submisso
e não encontra uma escola que saiba discutir
com ele.*

*O desemprego: os reflexos do desemprego
dos pais recaem diretamente sobre os alunos
que se mostram preocupados, desesperançados
e ansiosos. Alguns alunos chegam a escrever
nas redações pedidos de empregos para os pais.*

Os professores falavam que respiravam a cultura
globalizada no cotidiano da sala de aula, vivendo uma
realidade de problemas que, lamentavelmente, não
sentiam ainda segurança para tratar. Havia muitas queixas e histórias de alunos dependentes de drogas, pais
desempregados, pais ou irmãos assassinados violentamente.

Vários relataram experiências de projetos em
parceria com delegacias de polícia dos bairros onde se
localizam as escolas, mas sentiam falta de orientação
nos aspectos da droga e violência entre os alunos. Grande parte tinha consciência de que essa realidade perversa
e desumana estava a exigir transformações profundas
em suas escolas.

A questão final a ser levantada constitui os pontos fortes e fracos de suas escolas. Como "pontos fracos" aparecem: insegurança, instabilidade salarial (atrasos de pagamento); falta de apoio em situações novas dentro da escola; falta de recursos pedagógicos; número elevado de alunos por classe; poucos espaços físicos para traba-lhar com os alunos; falta de formação constante dos pro-fessores; remuneração não compatível com suas respon-sabilidades; pouca autonomia, muita burocracia e pouca parceria com empresas privadas.

Como "pontos fortes" aparecem: a confiança dos professores na importância do trabalho que fazem; a per-sistência, a vontade de vencer obstáculos; o trabalho em equipe, trocando experiências; trabalho coletivo que já estão fazendo integrando professores, alunos, famílias e comunidade; o idealismo que os sustenta; a consciência de suas limitações; o interesse para aprender mais; o profissionalismo; a disposição e o compromisso com a melhoria do País.

No final desse primeiro dia, tínhamos o mapea-mento de uma amostra das escolas públicas de Cotia, segundo o olhar de seus próprios professores. Talvez con-tendo muitas semelhanças com outras dos municípios do Estado de São Paulo, mas o importante é que se tratava de um mapeamento não estampado nos livros, não fotografado por autoridades técnicas, porém, cons-truído por eles mesmos. Com base nesse diagnóstico, podiam autorizar-se a fazer algumas mudanças na reali-dade em que trabalhavam.

Segundo dia de formação: "Um olhar de perto"

No primeiro dia, a idéia foi analisar a realidade das escolas, em geral: o dia seguinte foi voltado para cada escola como equipe de trabalho. Refletia-se a respeito da dinâmica interpessoal que ali ocorria, os fenômenos grupais e a organização do trabalho coletivo de cada escola presente.

A questão sobre os "pontos fortes e fracos de sua escola" desencadeou o trabalho do segundo dia. Após muitas discussões, os grupos registraram graficamente a representação que faziam de suas escolas, levantando os problemas de cada local de trabalho e suas dificuldades para solucioná-los. Posteriormente, os grupos levavam suas reflexões ao plenário, socializando idéias e soluções.

Um dos problemas verificados nesse dia foi a questão dos relacionamentos interpessoais no seio das escolas, e a ausência de um projeto político-pedagógico que capitalizasse as vontades individuais e esparsas e fomentasse a autenticidade dos relacionamentos e a solidariedade entre companheiros e companheiras. Nesse sentido, surgiram alguns mecanismos de defesa que os professores e professoras adotavam nas escolas, impedindo assumirem atitudes coletivas nas escolas, a saber:

• Necessidade de aprovação do outro, de passar uma imagem perfeita aos outros: "não quero que pensem nada errado de mim".

- O padrão de vítima, de coitado, sempre acusando os outros e esperando o salvador.
- Os adiamentos, o deixar sempre para depois, para o futuro, não conseguindo viver o presente, o "aqui e agora" e, portanto, sempre adiando as ações.
- A incapacidade de aprender com a experiência ou com o outro. A impossibilidade de ver o "novo", enquadrando tudo como se fosse "velho". Como resultado disso aparecem em frases como "eu já sei" ou "não vi nada de novo".
- As várias máscaras que usamos.
- As contemporizações.
- Viver justificando-se.
- Resolver tudo rapidamente, sem tempo de reflexão da "digestão" dos fatos.
- Colocar a responsabilidade no outro, sem se voltar para si e ver-se como parte da questão.
- Ter uma escuta "pronta", isto é, escutar o que já está dentro de nós, de forma a rotular e encaixar tudo e todos.
- Não entrar em contato com o real.

Após essa reflexão, muitos dos professores(as) concluíam que esses padrões mentais que se tornam automáticos em todos nós, impedem que os profissionais nas escolas sejam solidários e que compartilhem seus sonhos, saberes, medos e energias para construir uma escola melhor. As pessoas robotizam-se e ficam incapazes de tomar decisões coletivas.

No início desse dia de formação, tínhamos a sensação que todos os professores pisavam em ovos na hora de falar de suas escolas, mesmo porque, muitas vezes, o grupo de uma determinada instituição não concordava entre si com a representação que era projetada de sua escola, de um fato ou uma liderança.

Aos poucos, conforme refletiam sobre os impedimentos para realizarem um trabalho solidário nas escolas, o grupo crescia, as responsabilidades – que no início eram todas focalizadas na Secretaria da Educação e na administração local – repartiam-se por todos os atores da escola e da comunidade.

Terceiro dia de formação: "Um olhar para dentro de si mesmo(a)"

O terceiro dia mergulhava o professor(a) em sua história de vida, buscando traçar fios capazes de ligar o exercício profissional com os projetos de vida, destacando a formação, as dificuldades, os conflitos, as experiências de sucesso, etc..

Quando situavam a questão profissional, havia o momento de buscar a razão de terem escolhido a profissão de professor ou mesmo sem uma escolha mais consciente, como justificavam permanecer nela. Estas lembranças provocavam outras reflexões como as de evocarem pessoas significativas que lhes ensinaram algo e, posteriormente, o que eles, hoje, como professores, poderiam ensinar a estas pessoas.

Nos vários encontros de formação, os participantes afirmavam que ao situar o "ser professor ou professora" na jornada de suas vidas de alguma forma sentiam que eram tocados por inteiro pela paixão da profissão que tinham assumido, notavam que podiam se ver diferentes, com mais dignidade, possuídos por uma energia vitalizante, capaz de lhes oferecer forças para lutar e (re)apaixonar-se pela profissão.

Quarto dia: "Um olhar para dentro de si mesmo, focalizando o "aqui e o agora"

O quarto dia consistia em levar cada professor(a) a observar e reconhecer o que o limitava como pessoa e como professor. Visava a criar uma outra relação com esse limite, aceitando-o e quando possível, o mudando.

Nesse dia, a preocupação era observar os padrões que se repetiam em seus comportamentos; os sistemas e crenças que modelavam a expressão e a ação de cada um no mundo; tentar colocar o passado no passado, procurando estar no presente. Buscar soluções novas àquilo considerado como problema, por meio de caminhos talvez..., ainda, não pensados. Nesse momento, novamente, importava a observação de si, o contato consigo mesmo, conquistando o poder pessoal. Resgatando o autor em cada uma das pessoas.

Este dia implicava que o professor ou professora voltasse para si mesmo e fizesse a seguinte pergunta:

"quem é você?". A dinâmica utilizada constituía-se de duas rodas concêntricas, uma dentro da outra, e ao soar de um sino as pessoas podiam dizer quem pensavam ser. Esta é uma dinâmica do ritual budista, ao explicar compreender quem se é, constitui-se em uma tarefa do ser humano, desde que nasce. É um exercício amoroso de tornar-se cada vez mais responsável por si mesmo, ao mesmo tempo, que toma consciência de sua interdependência dos outros.

Não somos nosso nome, nosso gênero nem o que fazemos, diz o budismo. Tudo começa quando chegamos ao ponto de dizer: "não sei"! Quando um ser humano chega a esse ponto "não sei", significa estar aberto para todas as possibilidades.

No caso dos professores, cuja representação social é de quem "deve saber", o "não sei" esvazia-o dos inúmeros condicionamentos que carrega, precisa suspender suas idéias e raciocínios corriqueiros, desprender-se deles e abrir-se para novas revelações, para aprender coisas novas e estabelecer relações que antes não conseguia perceber. Quando avaliávamos esse momento do dia, as pessoas mostravam-se muito tocadas. A busca do autoconhecimento (co)movera os participantes fazendo aflorar risos, alegrias e olhos marejados.

Após esse "olhar interior", trazíamos o grupo de professores para o "aqui e agora", para que se conectassem novamente com suas reflexões a respeito de suas escolas, com o trabalho que realizavam, com a situação das escolas de Cotia e articulassem tudo isso com o que haviam descoberto deles mesmos. Neste momento, os grupos de cada escola ganhando uma sinergia muito grande, registravam seus compromissos de transformações nas escolas de origem.

A questão de trazer sempre os professores para o "aqui e agora", foi constituindo-se durante o processo de formação, em um dos eixos desse trabalho coletivo. A consciência de que vivemos no presente era sempre focalizada, pois mesmo o passado vive em nossos pensamentos agora, e o futuro, por outro lado, é uma permissão do agora. Qualquer transformação nas escolas, nas pessoas, estava, portanto, atrelada ao agora.

Os quatro dias de encontro poderiam ser sintetizados pelas expressões ouvidas de alguns dos professores:

> *"Estou fazendo uma (re)alfabetização de mim mesmo, é como se tivesse me alfabetizando em uma outra concepção de educação, que implica em ver o aluno como um sujeito inteiro e também me incluir inteiro em tudo".*
> *(Jairo, prof. de geografia, 36 anos)*

> *"Infelizmente ainda vigora entre nós as idéias que se aprende ouvindo o professor discorrer sobre um assunto e que todos os alunos aprendem por igual. Daí a grande quantidade de alunos por classe, sem qualquer atendimento individualizado. Enxergar isto me fazia não querer lutar. Hoje, acho que coletivamente podemos*

mudar nossa escola, acredito nisto". (Lourdes, profª de 3ª série do fundamental, 29 anos)

"Percebo que as políticas públicas investem pouco em recursos e formação de professores, mas nós temos de buscar nossa formação, onde quer que seja, como aqui, por exemplo, porque temos de ensinar bem nossos alunos, prá essa situação mudar". (Mara Lígia, profª de história, 42 anos)

"Quando pensava numa situação ideal para a minha escola, fugia da situação real, concreta, sabotava minha possibilidade de agir. Geralmente estamos dizendo que quando existirem as condições ideais, mudaremos... Quero mudar a partir da realidade da minha escola, como vi aqui. (Selma, coordenadora, 40 anos)

"Na vida, tal como num jogo podemos nos colocar na arquibancada ou no campo. Eu estou escolhendo a cada segundo da minha vida: escolho a me omitir e não fazer críticas às inadequações de minha escola ou escolho agir e ser sujeito do que falo e penso". (João Lourenço, diretor, 49 anos)

"Ainda trabalhamos solitários nas escolas. Esta formação está sendo boa porque

*vamos aprendendo que só se tivermos uma
equipe organizada na escola e tomarmos decisões coletivas, viraremos o jogo e poderemos
alterar a face da educação". (Mirtes, prof^a de
1ª série 31 anos)*

Este foi um projeto de formação de professores bastante diferente das várias iniciativas de que participara, apoiadas no paradigma de que "faltam" conhecimentos para o professor e, em conseqüência, os idealizadores planejam a transmissão de informações consideradas úteis na melhoria de suas práticas de ensino.

Tal proposta também almejava a melhoria da prática do professor, porém não era dissociada de sua pessoa e da construção de um sentido de seu fazer. Iniciava por uma mobilização pessoal e coletiva dos professores, pautada na realidade da escola de origem, projetando a ampliação da consciência de seus atores para busca de um ensino de melhor qualidade.

Quando me desliguei do projeto, começávamos a planejar uma continuidade dessa formação aos professores que participaram da primeira jornada, achávamos que a formação poderia ter muitas camadas de sentido. Nesse momento, a impressão era que eles precisavam ser (re)alimentados em suas descobertas e transformações. Por um outro lado, planejávamos um espaço de reflexão crítica de e sobre suas práticas, fazendo emergir a necessidade de estudos teóricos suscitados pelas análises das mesmas.

Projeto de capacitação da Equipe de Coordenação de uma rede de escolas particulares

Em agosto de 2001, fui contratada para desenvolver um projeto de capacitação dos supervisores, coordenadores e diretores de uma rede de escolas particulares. Fazia parte de uma equipe de professores que se distribuiu pelas várias unidades de ensino do referido sistema educacional.

A primeira reunião que freqüentei com o grupo de coordenação do projeto, foi para tomar conhecimento do calendário dos grupos de capacitação e os locais de trabalho. Encontrei toda a programação pronta, que se consistia de textos selecionados e apostilados para serem estudados.

A capacitação, termo usado nas apostilas para denominar o projeto de formação continuada, ocorreu de agosto a novembro e, no final deste tempo, houve uma avaliação. Nesta situação, os educadores com poucos pontos, iniciaram no semestre seguinte um "programa 2" de capacitação.

A capacitação foi planejada em dois módulos de estudo, baseando-se em entrevistas com um ou dois coordenadores das várias unidades que apontaram suas necessidades no trabalho com os profissionais da rede.

Trabalhei no primeiro módulo que se constituiu das disciplinas Psicologia da Educação, Fundamentos da Educação e Didática. O segundo foi voltado para Gestão e Liderança, no qual desenvolvi a disciplina Relações

Sociais e Interpessoais. Os supervisores e coordenadores dado à especificidade de suas funções, tiveram ênfase maior nos Fundamentos Educacionais, enquanto os diretores receberam maior embasamento na área de gestão e liderança.

Em média, cada disciplina compreendia três textos para serem analisados com os alunos e alunas. Para auxiliar os capacitadores, havia um roteiro que articulava os textos, sugerindo algumas estratégias de ação.

A transição de uma localidade para outra trazia como conseqüência o pouco tempo para preparo das aulas e para que pudessem receber um tratamento pessoal de quem fosse desenvolvê-las. Havia um pressuposto de que os formadores conhecessem os assuntos, dominassem a bibliografia e tivessem "jogo de cintura" nas relações interpessoais.

Muitos formadores desistiram por decisão pessoal ou rejeição dos alunos, mas sempre com um abalo na auto-estima. Além da questão da avaliação, no final da capacitação, havia um clima de ansiedade entre os alunos. Os textos exigiam não só análise e interpretação das idéias ali contidas, mas, que o formador "habitasse" seus autores, inserindo-os no contexto educacional contemporâneo.

Explicitamente, a finalidade do trabalho era a capacitação dos educadores, entretanto o projeto previa uma avaliação final (durante o processo houve avaliações de perfis) que, segundo alguns educadores, tinha sido uma imposição da própria rede de ensino, pois poderia enxugar mais objetiva e eticamente seu quadro de pessoal. Em algumas localidades, a avaliação final tomou a forma de um fantasma persecutório que fazia com que a intolerância e a competição marcassem o clima das aulas.

Nos bairros da capital como nas cidades do interior, o grupo de alunos constituía-se na maior parte de mulheres (um ou dois homens em cada um), pertencentes a uma faixa etária de 35 a 50 anos. Eram educadores que iniciaram suas carreiras muito cedo nessa rede de ensino e foram assumindo diferentes cargos durante suas trajetórias de vida. A sensação é que foram selecionados (concursos e escolhas) e representavam o pessoal mais preparado desse sistema de ensino. Alguns possuíam vários cursos universitários e dissertações de mestrado.

No entanto, havia gritantes diferenças entre os grupos da capital e do interior em relação ao contexto de vida, postura frente à capacitação, aos colegas, etc. Na capital, as capacitações guardavam um clima mais frio de relacionamento entre os alunos, implicando posições e decisões mais individualistas durante as aulas.

O local era quase sempre uma central de treinamento, com uma estrutura física invejável para sustentar o curso. Todos os recursos para as aulas eram de ótima qualidade e o que era solicitado aos trabalhos de grupo, chegava imediatamente.

As salas de aula eram amplas, arejadas, bonitas, com banheiros, copas e restaurantes no local. No início dos módulos de estudo, aniversários eram comemorados, organizados pelo grupo encarregado de homenagear os(as) colegas. Nos intervalos, a mesa de café já estava montada. Como as noites eram livres, o grupo que residia na cidade onde estava acontecendo a capacitação, planejava passeios e programas, o que estreitava suas relações.

As centrais de treinamento da capital contavam com uma estrutura física menos confortável que as do interior, e a presença de refeitórios em seu interior, aberto para outros funcionários, não assegurava que os educadores ficassem mais próximos nesses possíveis momentos de confraternização. Assim, os encontros entre os educadores da capital eram "corridos" durante as aulas.

Alguns mostravam-se discordantes com suas indicações para os locais de capacitação, e impregnavam os trabalhos de azedume. A maior parte das vezes nas discussões, os conflitos surgiam oriundos de intolerâncias e rejeições pessoais que, propriamente, de discordâncias conceituais.

A situação dos educadores do interior era bastante diferente, a maior parte vinha de suas cidades de origem e hospedava-se em um hotel de uma cidade que possuía um centro, onde se dava a capacitação. Recebiam ajuda de custo quando viajavam, hospedagem, diária e custeio de alimentação.

Cotizavam entre si e pagavam para que funcionários cozinhassem suas refeições, de forma que estas eram muito bem preparadas, e todos os eventos constituíam motivos de celebrações, incluindo a chegada dos educadores de fora, assim como a despedida. Embora essas condições estruturais pareçam insignificantes, constituem exemplos de como possibilitam a integração das pessoas.

De forma geral, os educadores verbalizavam que percebiam ser avaliados constantemente e que podiam ser demitidos a qualquer momento, daí o grande receio da avaliação no final da capacitação. Por outro lado, apontavam colegas que consideravam extremamente incompetentes, mas contavam com a proteção de alguém "lá de cima". No geral, tratava-se de pessoas mais velhas no grupo, pertencentes à elite da comunidade local que mantinham uma representação social de educador desta rede.

Algumas vezes, deixavam escapar que trabalhavam muito, que se sentiam "casados(as)" com a empresa que lhes delegava muita responsabilidade, mostravam-se colaboradores(as), prestativos(as), abertos(as) ao curso e demonstravam orgulhar-se do que faziam e da Rede de ensino para quem trabalhavam.

Expunham que se comunicavam diretamente com os órgãos centrais da Instituição, encontravam-se, segundo alguns, "face a face" com o patrão e sentiam-se privilegiados de trabalharem nessas escolas, com um ensino de excelência frente à rede pública (justificando que seus alunos saíam-se muito bem nos exames externos). Mostravam-se compromissados e socialmente reconhecidos, por serem capacitadores de outros profissionais da referida rede de ensino.

Análise do projeto

Não seria esse projeto denominado de capacitação, ainda decorrente de um paradigma que entende a formação como sinônimo da prescrição de doses de teoria, supondo que a aplicação à prática pudesse verificar-se, por transferência? Poderíamos nos perguntar, como um projeto assim pode contribuir para a construção da autonomia docente?

Durante muito tempo, havia uma crença entre nós educadores, que a competência do professor, ao promover uma mediação didática de qualidade decorria de modo natural do conhecimento didático dos conteúdos e dos processos de aprendizagem. Isto, além de não ocorrer na realidade, segundo os Referenciais de Formação dos Professores (1999), acaba acarretando:

> ...um desencontro que se tornou mais ou menos emblemático da relação tácita entre formadores e professores ao término (destes cursos): os professores consideram tudo muito teórico e os formadores dizem que os professores vieram a procura de "receitas". (pp. 47 e 48)

Essa capacitação visava a constituir-se uma oportunidade formativa, proporcionada pela rede de ensino, capaz de gerar práticas mais adequadas de seus técnicos, embora questionável, como afirma Pineau (2002), falar da formação de outras pessoas. Os educadores, expostos a estes módulos de estudo, por certo atribuíram-lhes significados diferentes, apesar da intenção e dos mecanismos de padronização presentes na formatação dessa capacitação.

Talvez fosse melhor considerar que esse projeto foi um espaço onde, graças aos estudos realizados, às condições de formação daqueles educadores foram ampliadas.

Os textos de estudo atualizados e de autores respeitados poderiam constituir indicadores para uma busca contínua e permanente em educação, porém perdiam força quando os propósitos da capacitação mostravam-se discordantes de seus argumentos. Neste sentido, um exemplo gritante foi o texto de Zabala sobre avaliação formativa que se confrontava com o teste de múltiplas escolhas, como única possibilidade de avaliar as aprendizagens geradas no projeto de capacitação.

Se pensarmos em uma lógica de formação, no projeto faltou espaço para a articulação dos textos com a prática dos educadores e a socialização das reflexões decorrentes. A transformação da escola vai além da reforma de ensino, dos currículos, dos conteúdos, como explica Morin (2000) nos textos estudados, pelo grupo. Implica a mudança de paradigmas de pensamento, diante da complexidade do ato de educar; diálogo e cooperação entre educadores da mesma escola. Morin propõe avançar em um tipo de pensamento não excludente, que integre e faça dialogar as contradições.

Exercendo funções complementares e interdependentes, supervisores, coordenadores e diretores eram todos formadores de pessoas e tinham muito a aprender entre si. Sem estes momentos coletivos de troca e interlo-cução, tornava-se mais remota a possibilidade de desen-cadear um processo de autoformação dos educadores.

A experiência tem mostrado que a reflexão da prática permite ao educador ser autor do que faz, porque exige lidar com seu pensar. Quando isto não ocorre, a tendência é distanciar-se e alienar-se de seus próprios pensamentos. O que lhe sobra é simplesmente citar as idéias dos teóricos dos textos lidos.

Quais eram de fato as inquietações que moviam estes educadores, que lacunas de conhecimento per-cebiam originárias de suas práticas, para que a capacita-ção deveria desenhar-se como transmissão de conheci-mentos teóricos, com forte tendência à racionalidade técnica e com uma avaliação classificatória no final do projeto?

Não podemos deixar de considerar que os for-madores davam diferentes roupagens a essa capaci-tação, pautados em suas competências e sensibili-dades para interpretar as necessidades dos grupos, mas isto era decorrente de posturas pessoais. Não constituíam parte dos quadros locais nem conheciam os problemas desta Rede de Ensino. Os formadores pareciam introduzir um tipo de ação distanciada do contexto real dos educadores, suas contribuições cir-cunscreviam-se em aspectos mais generalizáveis da educação, concentrando-se no desenvolvimento dos conteúdos, com pouco tempo para problematizá-los e refleti-los.

Projeto de formação "Todas as Crianças na Escola"

Francisco, moreninho de sete anos, corria pelas ruas centrais da cidade, como um raio, os pés pareciam nem tocar o chão. Tomei conhecimento dele nas praias de Maresias, descalço, quase sem roupa, virando piruetas no mar. Quando o reencontrei numa visita à sua sala, na condição de formadora dos professores, ganhei um sorriso de rosto inteiro. Como tinha caderno e lápis às mãos, e a proposta da professora naquele momento era escrita espontânea, fui logo perguntando:

— *O que você vai escrever, Francisco?*

O olhar severo e as palavras do menino denunciaram minha ignorância.

— *Como vou saber...eu nem comecei a escrever.*

Naquele momento, Francisco ensinava-me que, para algumas crianças, escrever era parecido com brincar – nem sempre se pensa no que se vai brincar. Muitas vezes, uma criança começa a brincar e a um dado momento, com alegria, anuncia o castelo de cubos de plástico que fez. Quem começa escrevendo dessa forma, sem precisar chegar logo a um produto final estipulado, por certo, sentirá prazer ao escrever.

Se a escola não dá "voz" a Francisco para que ele possa dizer aquilo que pensa e como pensa, ficamos sabendo apenas que é um garoto que o pai obriga ir às aulas. O teor de sua humanidade de criança que carrega nos bolsos os achados das ondas do mar, reduz-se a um menino caiçara que odeia colocar sapatos para ir à escola.

Sem "dar voz" a Francisco (e a muitos outros garotos e garotas que passam pelas salas de aula), como a escola, vai poder ajudá-los a construir seu discurso e sua autoconfiança para que possam também acreditar que são capazes de ensinar quando falam de suas experiências?

6.1. O desenrolar do processo de formação continuada

Em julho de 1998, por intermédio de um Centro de Capacitação de Professores a que estava ligada, dei um curso para diretores de escolas municipais de Educação Infantil e Ensino Fundamental sobre Projetos Interdisciplinares de Trabalho em uma cidade balneária do interior de São Paulo.

Em seguida a este trabalho, a Secretaria de Educação Municipal contratou-me para dar-lhe assessoria, acompanhando a implantação dessa forma interdisciplinar de organizar os conteúdos escolares, em quatro unidades da Rede. No ano seguinte, o número de escolas subiu para 13 e, no ano 2000, já contava com 34 escolas, abrangendo toda a Rede Municipal de Ensino. À medida que a forma de trabalhar com projetos implantava-se, isto é, que os professores passaram, naturalmente, a planejar seus projetos e seus diretores puderam acompanhá-los mais de perto, minha assessoria passou a ser diretamente para diretores.

Um dos objetivos ao organizar os conteúdos escolares em Projetos Interdisciplinares de Trabalho, era que os alunos aprendessem a aprender, cuidamos de oferecer a mesma oportunidade aos professores. Sabemos quanto é importante no momento de planejar os projetos de formação de educadores, diagnosticar com eles suas necessidades, para que a formação constitua uma aproximação das respostas para os problemas priorizados.

No município, encontrei a proposta já determinada de ensinar professores e professoras a planejar Projetos de Trabalho. Tratava-se inicialmente de uma assessoria pontual, mas, conforme acompanhava o trabalho dos professores, transformou-se naturalmente em um projeto de formação continuada.

Não era um trabalho de renovação de atividades pedagógicas, porém visava a obter mudanças na qualidade de intervenção e na postura pedagógica de cada educador, que se deveria refletir em uma concepção do conhecimento como produção coletiva, em que tanto a experiência vivida como a produção cultural se articulassem, dando significado às novas aprendizagens construídas.

164

No início, contamos com a aprovação dos diretores, mas a anuência espontânea e verdadeira dos professores e professoras demorou a chegar. Encontramos profissionais sofridos, ressentidos com experiências pedagógicas impostas pelos órgãos oficiais que não consideravam suas demandas e saberes, sem discussões e reflexões sobre a viabilidade das mesmas.

Constituir um espaço confiável de fala, foi a estratégia usada para que todo esse sofrimento, todos os traumas pudessem ser re-significados, e menos centrados no passado. Os professores e professoras pudessem "ouvir" no primeiro momento do que se tratava Projeto de Trabalho, para depois compreendida a proposta de organização interdisciplinar dos conhecimentos escolares, pudessem ter um envolvimento mais opcional.

Para alguns educadores, com mais dificuldades de entrar em contato com estas vivências, tal catarse resultava em uma perda de tempo. Numa reunião, uma professora com uma postura corporal muito dura, dedo em riste, em pé, rosto fechado e contraído verbalizou em tom alto:

> — *A senhora não tem de ouvir essas reclamações e críticas, tem de nos ensinar a fazer Projetos de Trabalho e exigir que se faça.*

Aos poucos, o próprio grupo concluiu o quanto tal opinião retratava a internalização de uma forma patriarcal de trabalhar e de se relacionar com antigos capacitadores. Paulatinamente, fui conscientizando-me de que sem um envolvimento e uma aceitação verdadeira de todos os educadores, não poderia desenvolver o trabalho para o qual fora contratada. Mesmo porque a mesma atitude que sustentava meu trabalho, de alguma forma, precisaria mediar o deles(as) em sala de aula. A descrença em alguém que pudesse ensinar algo novo (no meu caso: como planejar projetos de trabalho), sem desprezar, refutar, ignorar, anular o saber que já tinham apropriado, fazia-se visível em suas falas e gestos.

As críticas mais sérias aconteciam pela implantação do Construtivismo que, segundo os professores, não lhes fora explicado, nem suficientemente ensinado, mas que mesmo assim lhes era exigido pela rede de ensino que aplicassem em salas de aula. Havia uma aversão por parte dos professores ao Construtivismo, remetendo a esta epistemologia todas as dificuldades na escrita e leitura e no que consideravam comportamentos indisciplinados dos alunos.

Tornou-se possível perceber o quanto a perspectiva construtivista fora entendida como técnica, ou mesmo, como metodologia que resulta em passos a seguir e que dispensa a reflexão e a pesquisa do professor. Dessa forma, Projeto Interdisciplinar de Trabalho, seguindo o mesmo raciocínio, deveria ser explicado, definido em procedimentos para que os professores não sentissem insegurança ao aplicá-lo.

Compreendi que minha presença como interlocutora na discussão de suas práticas mostrava-se importante no sentido de espelhar por meio de minha postura de continência que algumas mudanças poderiam ocorrer.

A confiança não viria de meu discurso, a não ser que ele se revestisse de uma atuação que valorizasse e respeitasse a história profissional de cada um. Procurei ouvi-los, na medida do possível despojada de julgamentos, dando valor à experiência que relatavam e procurando discutir as novas práticas usadas, no que elas representavam uma postura mais reflexiva e investigadora do próprio ato de ensinar.

Os momentos de encontro com estes professores, em média, se davam uma vez por mês, e começavam com queixas em relação à Secretaria da Educação. A leitura que faço hoje dessa ocorrência, é de que eles avaliavam que eu não pertencia à secretaria e, portanto, não os poderia prejudicar em suas carreiras, e ou porque conforme lhes dava voz, era alguém que permitia esse tipo de desabafo. Fui tomando consciência de meu papel e sem impedir que expressassem suas opiniões, pude constituir esses momentos em situações de aprendizagem, ética e compromisso na profissão. Refletimos juntos como a queixa, o falar na ausência do outro, o não enfrentamento dos conflitos constituíam estratégias que aliviavam, mas não eram transformadoras, pois não modificavam as situações que as geraram.

Muitas vezes, percebi-me sem paciência com comportamentos que tolero muito pouco em mim mesma.

No início desses grupos, a conversação não era uma fala que compunha um diálogo. Um professor expressava uma opinião e outro logo em seguida, sobrepunha idéias completamente diferentes. Não havia articulação de argumentos e integração de pontos de vista, o que me aborrecia, pois dava a sensação de que um não ouvira o outro, só estavam ansiosos em falar por falar. Isso parece exemplificar que, quem forma os educadores, necessita antes de tudo, praticar o que propõe. Humildade no sentido de que não sabe tudo, não tem o controle de tudo e abertura para estar, ele mesmo (formador) em processo de aprender permanente e coletivamente. Uma formação analítica e psicopedagógica.

Embora alguns professores apresentassem um discurso de transformação processual, pudemos perceber na mediação que realizavam com os alunos e na observação das atividades planejadas por eles, que estavam ainda habituados ao emprego de uma didática prescritiva e de instrumentalização técnica do fazer docente.

Nossa hipótese era que ancorando na análise de suas práticas e não só em seus discursos, poderíamos como formadores, provocar a mudança e a autoria de pensamento. A análise de suas práticas, como esperávamos, permitiu que o trabalho ganhasse sentido e se revertesse em maior confiança no que faziam.

Os receios advindos da provisoriedade, da não certeza do como fazer, das dúvidas, da dificuldade em lidar com o novo e com o "sem receita" foram amenizados pelo estudo e pelas discussões em grupo dos professores de cada unidade escolar. A cooperação e a solidariedade ajudaram a conviver melhor e a assumir a insegurança que faz parte do ato de ensinar e viver, como acentua Cristelli (1996).

Não podemos esquecer que, historicamente, os professores vêm passivamente executando planos traçados por outros atores sociais (institucionais e ou políticos) traduzidos e encarnados em manuais didáticos, ou mesmo, em referências oficiais. Não confirmados no que pensam nem no que fazem, não se apropriam de seu fazer pedagógico. No livro "A Formação do Professor como Compromisso Político" de Joe L. Kincheloe (1997) referindo-se ao conhecimento sobre o ensino produzido pela ciência moderna, o autor fala: *"os professores são pessoalmente excluídos do processo de produção do conhecimento sobre sua profissão* (p. 42).

Isso acaba desenvolvendo um abismo entre o discurso oficial, requerido pela própria ciência moderna e os discursos que os professores desenvolvem em suas atuações concretas. Torna muito difícil o exercício da ousadia, do pensamento autônomo, da possibilidade de reflexão sobre a própria prática e, conseqüentemente, do desenvolvimento da pesquisa da prática.

Essa afirmação podia ser confirmada na atitude de muitos professores nos primeiros encontros: quando era solicitada uma opinião e um dos elementos do grupo proferia seu parecer, grande parte do grupo verbalizava não precisar falar, pois pensava da mesma forma. Uma outra conseqüência da insegurança aparecia, também, na indisposição demonstrada por eles, quando era pedido que relatassem suas práticas ou lessem o registro que fizeram da mesma. Nos intervalos para o café, os mestres traziam e liam em voz baixa seus registros, individual-mente, esperando minha aprovação. Não se sentiam seguros sobre a qualidade do trabalho que mostravam e, portanto, não se arriscavam a fazer trocas.

Inicialmente com essa aprovação externa, os educadores foram ganhando coragem para ler em voz alta os registros de como ensinavam e argumentavam a respeito do que faziam. Foi então, que começamos uma prática constante de reflexão crítica coletiva nessas escolas, o que permitiu o nível de qualidade do trabalho realizado.

Assim, passou a existir um espaço de formação nas escolas, no qual os profissionais podiam contar o que estavam fazendo, levantar dúvidas, ouvir sugestões do grupo (geralmente, eram duas ou três escolas juntas, com a mesma seriação), e a intervenção da formadora, pon-tual e direta, observando e discutindo suas práticas, valorizando ações que apresentavam uma postura crítica, ouvindo os alunos, interpretando o que diziam e ensi-nando o aprender a aprender. Como conseqüência desses momentos, surgiram os estudos teóricos para sustentar seus fazeres e provocar o surgimento de outras possibili-dades e reflexões de suas práticas.

No final de cada encontro, combinávamos uma tarefa de casa (geralmente, uma observação a ser feita, implementada por uma reflexão), que deveria ser trazida no próximo encontro. Era sempre um aprofundamento individual sobre seu próprio pensamento, sua ação e suas aprendizagens. As tarefas foram assinaladas pelo próprio grupo como forma de encurtar as distâncias entre um encontro e outro, uma vez que potencializavam sua continuidade neste ínterim.

Outras vezes, a intervenção ocorria pelas vivências, dramatizações, análises de filmes, enfim, recursos que pudessem liberar a livre expressão, contemplando discussões, dúvidas levantadas pelo grupo, auxiliando na formação desses profissionais que, com maior autoria de pensar e fazer, criavam possibilidades de serem mais felizes.

Os momentos quando eles se abriam para desenvolver suas subjetividades, foram importantes pois se (re)viram com a idade de seus próprios alunos e puderam aceitar sentimentos contraditórios que brotavam, momentos que entraram em contato com a criança interior que guardavam dentro de si, criança essa que se não for acalentada, não permite a ousadia da mudança. A partir daí, eles foram articulando o ofício de professor com suas histórias de vida, construindo um sentido para esta vida, na qual a profissão exerce um importante papel.

Ao analisarmos os registros dos Projetos de muitos professores das escolas da rede, pudemos planejar temas para o próximo encontro que pareciam ser significativos e urgentes à formação. Muitos desses encontros referiam-se à questão da avaliação dentro do projeto interdisciplinar que desenvolviam sobre a importância das atividades planejadas que deveriam guardar coerência com os objetivos propostos pelo projeto.

As atividades analisadas abrangiam a questão da discriminação entre aquelas que exigiam apenas o nível da percepção das crianças e as que solicitavam a atividade mental, isto é, que incidiam sobre o nível operatório das estruturas mentais. Tratava-se de um objetivo importante dessa assessoria, aumentar cada vez mais a freqüência desse último tipo de atividade, pois são elas que refletidas podem transformar-se em experiências valiosas às crianças.

Trabalhamos com o conceito de avaliação e sua abrangência de modo a não nos referirmos apenas ao processo ensino e aprendizagem, mas para abarcar outras instâncias, além do aluno: professores; equipe da escola; plano de ensino; projeto pedagógico da escola, etc.. As questões: o quê, quando, por quê e como avaliar foram refletidas baseadas na realidade de cada escola, levantando-se as dificuldades encontradas com maior freqüência.

Um dos aspectos mais refletidos foi o dos instrumentos utilizados na avaliação e no levantamento de critérios para a elaboração de uma prova. A comparação entre o trabalho do médico que realiza o diagnóstico, criando um clima de profunda confiança entre o doente e sua família, pesquisando novos remédios, e o educador serviu de metáfora ao aprofundamento de nossas reflexões.

Mesmo durante a pausa, pudemos observar que graças ao acompanhamento que fazíamos, em razão das dificuldades de sair nosso contrato de trabalho, os professores continuaram realizando os projetos com bastante interesse e comprometimento. Isto pôde ser constatado, sobretudo nas duas escolas onde se originou esse trabalho, pois estavam mais experientes no planejamento e deram saltos na qualidade de elaboração dos relatos.

As transformações ocorridas na prática dos professores que trabalharam com esta forma interdisciplinar de organização dos conteúdos escolares, ficou visível no ato de planejar de forma mais prazerosa e criativa suas intervenções. Eles passaram a ficar mais atentos às perguntas das crianças, a construir espaços para trocar opiniões, relatar experiências e levantar dúvidas. Percebiam seu desenvolvimento e pontuavam a melhoria em suas elaborações.

Obrigatoriamente, a gente se torna um pesquisador, observando como os alunos pensam. Aprende-se com eles, e a partir deles como ajudá-los, disse o professor Vítor Medina (31 anos) da rede municipal de ensino.

A formação dos professores é um trabalho que exige seriedade e empenho, requer vontade política de fato e um entendimento suprapartidário. Embora as ações de formação dos professores sejam decorrentes das políticas educacionais, não podem ser submetidas ao tempo político dos governos e à disputa partidária. A alternância de prefeitos, ligados a diferentes partidos políticos, quase sempre submetidos a princípios divergentes, provoca a descontinuidade administrativa das propostas educacionais e a cada nova administração é descartado o que havia sido planejado, começando-se um novo projeto.

Mesmo sem uma explicitação maior, o projeto de formação de São Sebastião visava a que o professor entrasse em contato com suas representações a respeito do ato de ensinar e aprender. Favorecia o desenvolvimento de um olhar e uma escuta que permitissem mediações adequadas às necessidades de todos os seus alunos fossem eles considerados ou não com dificuldades de aprendizagem. Pois bem, após esse trabalho de formação do professor da rede municipal que durou cerca de dois anos e meio, o novo partido que venceu as eleições por meio de um projeto de lei, colocou um psicopedagogo em cada escola, para trabalhar com os alunos considerados com dificuldades de aprendizagem.

Hoje, mais do que nunca, a formação do professor parece mobilizá-lo para ações cada vez mais conscientes, conectadas a outras consciências, construindo alianças e redes baseadas em uma ética de solidariedade. Como cita Kicheloe (1997, p.16) *"Praticantes reflexivos num exercício comunitário, poderão construir as alianças políticas necessárias para desafiar as estruturas opressivas que sustentam os sistemas escolares".*

Uma mudança em educação parece exigir novo modo de perceber o que é ensinar, o que é conhecimento e aprendizagem. O professor que vivenciou em sua formação que conhecimento é um aspecto linear, pronto e acabado, que seu ensino pode ser totalmente delineado *a priori,* precisa de muitas certezas para mudar. Parece não poder ser tocado pelo arquétipo do herói que potencialize acreditar em si e ousar; a entrar em um movimento que crie e recrie sua prática. Não consegue abraçar, simultaneamente, um desejo de mudar seu fazer e agir em direção a essa mudança.

Minha assessoria à educação municipal desta cidade contribuiu significantemente para minha formação, uma vez que pude desenvolver um projeto de formação, partindo das experiências concretas dos professores, isto é, fundamentada no relato de suas práticas ou na observação conjunta de seu fazer pedagógico. Possibilitou-me conhecer formas de pensar o trabalho do professor, desvelar a singularidade de suas práticas e processos de tomada de decisões. Muitas vezes, faltava-me interlocução por parte da Secretaria de Educação, assim como um planejamento integrado com outras assessorias. Neste trabalho, foi proporcionado-me espaço de autonomia que, freqüentemente, eu traduzia por solidão.

Por fim tanto os alunos como os professores lidaram de forma diferente com os conhecimentos, aprofundaram o tratamento das informações, inferiram novos sentidos, significados e referências sobre elas. Os professores ensaiaram conceptualizar pautados em suas práticas do dia-a-dia, conforme passaram a registrar seu fazer, tomaram distância para observá-lo criticamente. Esse é, sem dúvida, um ato de coragem para o professor, pois implica explicitar a intimidade de suas intenções e ações. Relatando por escrito, apropria-se de seu fazer que, invariavelmente, se torna mais criativo e autônomo; aprende a partilhar, trocar com os colegas sem receio de ser visto como quem não sabe. Sabe que sabe e sabe que não sabe tudo, mas pode (porque pensa com autonomia) aprender sempre. Quando consegue socializar esse registro, desenvolve a troca e a reciprocidade com os colegas. Ganha em profissionalismo e em competência técnica e humana; perde o medo do erro e vai apropriando e valorizando seu jeito pessoal de ser professor.

O registro que os professores fizeram de suas aulas, foram vistos por eles mesmos, como uma grande contribuição que puderam dar aos demais educadores. Constituíram um exercício de generosidade que trocaram entre si, mas também uma contribuição para eles mesmos. Referindo-se ao papel do aluno-pesquisador, argumenta Fazenda (2000, p. 26):

> *Uma atitude interdisciplinar respeita a autonomia de vôo de cada um, pois acredita que o estabelecimento da marca do pesquisador, que o torna único e lhe confere autonomia, está na forma como estabelece parceria. Ao acreditar que não existe nada de original, mas que todo conhecimento é recriação, exercita o princípio da humildade, que mostra que, ao ser socializado, o conhecimento não mais me pertence,*

*mas volta ao lugar de seu nascedouro, àquele lugar
que os junguianos denominariam constelação primária
ou self coletivo, de onde saem e para onde todos voltam.*

À medida que refletiam a respeito do que tinham
feito, apropriavam-se do que sabiam fazer e do que não
dominavam e, por isso, podiam tomar consciência de
seu próprio processo de formação, tomando-o às mãos.
Como diz Freire (1995, p. 9):

> *Pensar sobre a prática sem o seu registro é
> um patamar da reflexão. Outro bem distinto, é
> ter o pensamento registrado por escrito. O primeiro
> fica na oralidade não possibilitando a ação de revi-
> são, ficando no campo das lembranças. O segundo
> força o distanciamento, revelando o produto do
> próprio pensamento; possibilitando rever, corrigir,
> aprofundar idéias, ampliar o próprio pensar.*

Os professores desse município exercitaram um
trabalho interdisciplinar e puderam dar voz a seus alunos,
considerando os interesses deles como matéria-prima
do conhecimento, esta experiência mostrou-me a importância do planejamento coletivo do Projeto Político-
Pedagógico de uma escola.

O Projeto Político-Pedagógico, um trabalho coletivo dos educadores com a comunidade local, comple-
menta-se com o trabalho interdisciplinar de projetos com
os alunos. É uma oportunidade oferecida para que os

professores tornem-se atores da transformação de suas práticas. Ali parece que o professor, em pleno exercício político de sua profissão, assegurando um fazer articulado com toda a comunidade escolar, poderá organizar os germes da mudança e acelerar o movimento de transformação da sociedade brasileira.

6.2. Considerações gerais sobre os projetos de formação analisados

Hoje observo estes três projetos do lugar onde me encontrava, quando os mesmos ocorreram, isto é, como coordenadora ou co-coordenadora dessas formações e, ao mesmo tempo, como alguém que analisa o resultado das experiências. Nestes diferentes lugares de atuação, percebo que a perspectiva desse trabalho exclui a formulação de hipóteses, sujeita à verificação, visto que não procuro a relação entre variáveis. Cada um dos três projetos de formação continuada é único, desde o enfoque, as dimensões trabalhadas, os objetivos implícitos, a constituição dos grupos, o conteúdo, etc.. Tentar elaborar conclusões generalizáveis soaria como um absurdo, pois existe uma singularidade em cada um deles que, provavelmente, se perderia em possíveis comparações.

Respeitar a diversidade e/ou a provisoriedade de cada projeto, indivíduo ou instituição permite a construção de um conhecimento plural onde o singular tem suas oportunidades, muitas vezes escondidas ou abafadas, restringidas a ângulos política ou cultural-mente "controlados" (Fazenda, 2000, p. 24).

Por essas razões, pareceu-me fundamental definir um eixo dessa análise que ajudasse a explicitar e delimitar o campo da investigação. Como cada projeto é, poten-cialmente, muito mais do que aquilo que qualquer categoria de análise poderia desvelar, permiti-me usar o eixo da autoformação para, sem violentar e sem desna-turar, situar os projetos em questão.

De acordo com Pineau (1988, 2003) e Galvani (2002), teóricos em que busquei sustentação para esta análise, a autoformação não é um processo isolado, uma força egóica com base no individualismo. A formação é tripolar, isto é, apresenta três componentes: a autoforma-ção, a heteroformação e a ecoformação.

O pólo hétero abrange a formação inicial e a contí-nua, assim como as influências sociais herdadas da famí-lia, do meio sociocultural; o pólo eco é formado pelas influências oriundas do meio ambiente e das interações físico-corporais, assim como a dimensão simbólica (as influências do meio ambiente sobre o imaginário pessoal, que permitem ao sujeito, organizar o sentido atribuído à experiência vivida).

Na verdade, são três movimentos processuais con-duzidos pelo sujeito. A hétero e a eco simbolizam as tomadas de consciência e as retroações da pessoa sobre as influências físicas e sociais recebidas; a autoformação, a tomada de consciência do sujeito sobre seu próprio funcionamento, alimentando-se das duas outras dinâmicas.

Pela explicação de Pineau, a autoformação corresponderia àquele nível da realidade, no qual o sujeito emerge de maneira heróica, opondo-se aos determinismos das demais formações. A atualização heróica e diferenciadora do sujeito expressa-se pela afirmação do eu (daí, denominar-se também de egoformação) e pela autodireção das aprendizagens.

À primeira vista, talvez, pudéssemos considerar estes três projetos de formação, como distintos projetos heteroformativos, pois não contaram com a participação dos sujeitos-formandos em seu delineamento. Como a autoformação é, no entanto, um componente do tripé formativo que cresce na interdependência da eco e da heteroformação torna-se importante pensar como esta poderá contribuir para a autoformação dos formandos. Como a heteroformação foi vivida? Os coordenadores das formações acolheram, orientaram, encorajaram os alunos, favorecendo-lhes a autonomia e a autoria de pensar e agir? Favoreceram a co-produção de conhecimentos?

Nestes projetos, poderíamos permitirmo-nos perscrutar, (des)ocultar espaços que tenham mobilizado a emergência ou nascimento desse movimento do sujeito de tomar-se como objeto de sua própria formação. Poderíamos apontar alguns rudimentos dessa revolução invisível, oculta, em que os professores, nos três casos, encontraram espaço para apropriarem-se de seu próprio poder de formação, orientando e gerindo o próprio processo educativo.

Embora o projeto de formação da Rede de Ensino, segundo seus planejadores, tivesse sido respaldado por entrevistas sobre as "necessidades e interesses" realizadas com representantes dos vários pólos de capacitação, ele por força dos conteúdos estipulados e da avaliação final possibilitou poucas atividades que gerassem espaços de pensamento e desenvolvimento da subjetividade. Poderíamos arriscar que tal projeto, embora surgisse de uma pesquisa dos interesses dos educadores, trazia em si algo acabado.

O projeto "Todas as crianças na escola", assim como o Projeto Transformação, originários de decisões de pessoas que supunham saber o que tais educadores precisavam para fazer mudanças em suas práticas (Secretarias da Educação desses municípios), por flexibilidade, autonomia dos coordenadores articulando a participação dos formandos, no desenvolvimento do projeto, aos poucos foram abrangendo as necessidades dos professores, trazidas tanto por eles como interpretadas, ao longo da formação. Poderíamos citar que talvez essa dimensão de "inacabados" dos projetos, favorecesse o movimento de autoformação.

Apenas o Projeto Transformação constituiu-se em uma formação não compulsória: havia um convite para as escolas participarem e seus professores faziam suas opções. Quando chegavam, justificavam essa vinda como uma intensa busca por novas alternativas para o trabalho em sala de aula.

Esta sintonia de demanda entre professores e professoras e o voluntariado das equipes que coordenavam essa formação, provavelmente tenham contribuído para fluir a formação, criando uma cumplicidade e uma sinergia entre eles, assim como se tornava inevitável o caminho em direção ao ato de repensar suas práticas.

Aïnda que, por pouco tempo, os educadores desses municípios puderam usufruir de um tempo para contar suas histórias de vida, fazendo delas uma narrativa de onde emergiam suas experiências profissionais. Como assinala Nóvoa (1988), estes educadores puderam tomar distância de suas experiências de vida para contá-las por meio de palavras, possibilitando a compreensão da experiência, visto que englobavam e, ao mesmo tempo, transcendiam aquilo que fora vivido por eles.

Josso (1988); Dominicé (1988); Nóvoa (1988); Pineau (2003), e Warschauer (2001) atestam a importância da história de vida para a construção e conhecimento da autoformação. Pontuam que as narrativas escritas costuram no texto a dinâmica que os professores têm com o saber, com os outros, e com os diferentes aspectos de suas subjetividades.

Nestas formações, por mais que a experiência de um professor fosse contada, percebemos que nunca cabia por inteiro na narrativa, mas sua leitura e análise coletiva permitiam em certa medida que cada educador se encontrasse na narrativa do outro.

O espaço de autoformação foi constituindo-se com a reconstrução das histórias de vida dos educadores, tomando consciência de seus percursos, revelando o mito de cada professor no projeto de Cotia. O sentido da profissão também foi buscado e recobrado por técnicas expressivas, práticas de desenvolvimento pessoal e exploração da subjetividade no projeto de São Sebastião.

Isso colabora com a autoformação, pois o educador que narrava sua história de vida, podia perceber-se autor de sua formação, encontrando em seu relato o sentido que dava a esta formação.

Mas aquele trajeto heróico da autoformação, de que fala Galvani (2002), quando o educador opõe-se às imposições da hétero e da ecoformação, exige que ele passe da oposição a uma cooperação com o meio ambiente.

A autoformação constela-se como desenvolvimento e responsabilidade cooperativa com o meio que o cerca – o herói individual, apolíneo e guerreiro, pode assumir agora o princípio ético da solidariedade, com os outros. Assim como na jornada do herói, que retorna ao lar e pode socializar sua "sabedoria" com a comunidade de origem, o educador tece sua autoformação, trabalhando coletiva e interdisciplinarmente, porque se percebe e assume-se interdependente.

A tarefa docente, pelas condições nas quais ocorre, tem sido considerada como uma das profissões realizadas de forma mais isolada. Mesmo observando uma evolução nesse sentido, conforme assinalavam os professores presentes nas formações, o individualismo parece permanecer no âmago da identidade profissional. Verbalizavam que, em algumas culturas escolares, o individualismo não só é reforçado, como chega a tornar-se uma virtude. A respeito desse tema, assim se refere Juana Sancho Gil (2001, p. 109):

> *Não existe praticamente nenhuma profissão tão complexa e com tamanha responsabilidade como a docência, em que o profissional, no dia seguinte ao da obtenção do seu emprego, "se encerra" com seus alunos em uma classe e toma para si toda a responsabilidade (planejar, ensinar e avaliar), sem ter em quem apoiar-se ou a quem recorrer, se estiver com dificuldades ou dúvidas.*

Se desejamos de fato enfrentar os problemas da escola e consideramos que a ação dos professores é constante e bastante dependente uns dos outros, a cooperação é indispensável. Como podemos pensar em cooperação nas escolas, se ainda não trocamos idéias, sonhos e medos entre nós, professores, se não narramos como ensinamos e aprendemos uns para os outros?

7. Uma conclusão temporária

No prefácio de seu livro "Ensaio sobre a cegueira", na parábola sobre a ética do aprender a ver, Saramago (1995) escreve *"Se podes olhar, vê. Se podes ver, repara"*.

O reparar do escritor português possui vários sentidos, mas nos interessa aqui o sentido desse movimento de olhar mais de perto, descobrindo aspectos que não estão à vista que apenas se insinuam e pedem que os desenhemos ou que munidos de calma e paciência possamos deixar que se aproximem de nós e que nos tornemos a própria coisa. Reparar é afinar o olhar para torná-lo interdisciplinar, para que se possa dar atenção e "recolher as evidências de nossa própria alma em ação".

Olhar de perto, reparar nos movimentos de transformação dos professores, foi uma constante em minha trajetória profissional de formadora, o que suscitou indagações que me levaram ao desenvolvimento de uma atitude e de uma ação de pesquisa frente a eles.

Conforme iniciei este trabalho, registrei e apropriei-me de minha história de vida. Ao solicitar que os professores dos projetos de formação coordenados por mim fizessem o mesmo, pude certificar-me do significado dessa estratégia de formação: precisamos contar nossa história, compreender nossa história, viver a história de nossa dor e luta, tocar o eterno, compreender o misterioso e buscar descobrir quem somos. Isto para perceber que a história de nossa própria jornada é nossa própria iniciação, para destacar que nosso itinerário pode ser reinventado constantemente, de uma forma sempre singular, exigindo que, para além do que desejamos ser, precisamos buscar ser nós mesmos.

Desse modo, minha trajetória profissional foi construindo-se por etapas, nas quais se constelava o Arquétipo do Herói que me permitia romper com as dificuldades, impulsionar para novos horizontes, compreender meu processo e construir um sentido para minha ação.

Ao rever a trajetória, pude encontrar-me com meu mito pessoal, e descobri a marca do herói que, em mim, deseja como pesquisadora, despertar o herói do outro. Essa descoberta abriu-me para "reparar" a marca do herói nos professores e fui descobrindo que o resgate do mito pessoal parece provocar um processo de mudança pessoal que requer participação consciente, engajamento vigoroso e desejo de realizar uma ação social significativa.

Assim, tomo consciência de que a procura do mito pessoal é a busca de se tornar um melhor ser humano. Sei que a ciência não tem nem intenções, nem meios para isso. Ela é capaz de melhorar nossas condições de vida, mas não a qualidade de nossa existência. Para viver uma existência de qualidade, é preciso dar-lhe um sentido interior. As histórias dos heróis podem nos inspirar e guiar, porém cabe a cada um, responder a seu próprio chamado, isto é, Individuar-se.

Pautada nas declarações dos professores, observei que participavam dos projetos de formação que descrevo e analiso nesta pesquisa, quando percebiam que tocavam verdadeiramente seus alunos no processo ensino e aprendizagem e acabavam descobrindo a conexão de sua docência com seu mito pessoal. Certificavam-se de que esses contatos produziam sentidos que repercutiam em suas almas e tocavam fontes de possibilidades infinitas.

Esta investigação desvelou-me, também, que os professores transformam-se quando podem, querem e necessitam. Deslocam-se de seus lugares em busca de novas possibilidades quando a mudança faz parte de um chamado maior que aquele exigido pela situação momentânea. Além disso, notei que os movimentos de transformação parecem acontecer quando, simultaneamente, eles se sentem aceitos como são, por eles mesmos e pelos outros.

As tentativas de arrancá-los de suas práticas acabam provocando resistências que os fixam em seus lugares. Quando são referendados, suas pequenas, quase invisíveis mudanças, são acolhidas e transformam-se em vetores para uma contínua transformação. Neste caso, formadores-pesquisadores que podem olhar atentamente estas mudanças, refletindo-as para o sujeito que as realizou, confirmam aquilo que timidamente ele se percebe fazendo.

A formação dos professores não pode ser pensada de uma vez por todas, seu sentido é inesgotável, por certo, sempre necessitará ser compreendida e configurada de outras formas. As percepções que este trabalho permitiu-me ter, não me possibilitam concluir, mas ensaiar idéias de que existem muitas e variadas possibilidades dos professores conectarem com seus mitos pessoais.

Há projetos que disponibilizam espaços para essa conexão, apóiam a articulação do que fazer do professor com seu projeto de vida, favorecendo que ele se encontre com o esboço de um caminho que sem muita consciência vinha "cumprindo". Nos projetos com amplos espaços de formação e o percurso próprio de cada professor é respeitado, as possibilidades são ampliadas.

Uma pequena história contada por Chiang-tse, um dos maiores filósofos chinês, que viveu no terceiro século a. C. poderá talvez ilustrar melhor nossas idéias. Konton (hum-tum), o Caos, era muito prestativo para com os amigos, companheiro confiável, auxiliando-os em suas labutas diárias.

Os amigos sensibilizados desejavam retribuir-lhe os inúmeros favores recebidos. Conversaram entre si e chegaram a uma conclusão. Observaram que Caos não dispunha de órgãos dos sentidos que lhe pudessem ajudar a distinguir melhor o mundo exterior. Deram-lhe os olhos, depois o nariz, a boca e, assim por diante, de forma que no final de uma semana, já tinham concluído a tarefa de transformar Caos em uma pessoa sensível, como eles mesmos. Enquanto festejavam efusivamente a realização de tão feliz iniciativa, Caos morreu.

Os projetos formativos que se aproximam da iniciativa dos amigos do Caos, fecham possibilidades para o professor conectar-se com suas próprias maneiras de significar o ato educativo. As chances de acolher seu "chamado", de ouvir seu mundo interior, de olhar e reparar em si e nos outros, tornam-se reduzidas, pois os amigos de Caos não o conheciam nem tinham "reparado" nele, não podiam aceitá-lo diferente de si próprios.

Percebi que podem conviver vários e diferentes projetos de formação, pois é o formando em última instância, quem vai interpretá-lo para si, pautado no nível de alteridade em que se encontra. Um projeto imposto poderá ser uma estratégia que amordaça alguns professores, para outros nem tanto, pois eles podem estar precisando disso. Assim, talvez pudéssemos dizer que não existe a formação, porém, muitas e diferentes formações que nos movimentam entre o Quebra-cabeça e a Mandala e que atendem aos múltiplos movimentos dos professores.

Por fim, este trabalho possibilitou encontrar-me, descobrir a acentuada presença do herói em minha vida e conscientizar-me de meu mito pessoal. As energias apolíneas que carrego, foram aos poucos, ganhando tonalidades herméticas. Com isso, percebo que o encantamento de que falo no início nada tem de "adormecido" ou "alienado", por ser consciente, pode ser disponibilizado, encantando outros professores-pesquisadores.

Espero que a leitura deste possa fomentar outras investigações, gerando mais reflexões e conhecimentos na área da formação de professores.

Referências bibliográficas

ALMEIDA, L. R. A dimensão Relacional no Processo de Formação Docente: uma abordagem possível, In *O Coordenador Pedagógico e a Formação Docente*, (org.) Eliane B. G, 1999.

ARENDT, H. *A Condição Humana*. Rio de Janeiro: Forense Universitária, 1991.

AULAGNIER, P. La violencia de la interpretación. Buenos Aires: Amorrortu Editores, 1998.

BENJAMIM, W. *Magia e técnica, arte e política*. São Paulo: Brasiliense, 1987.

BOFF, L. *A águia e a galinha*: Uma metáfora da condição humana. Petrópolis: Vozes, 1998.

CAMPBELL, J. *As transformações do Mito, através dos Tempos*. Ed. Cultrix, 1990.

_____. *O Herói de Mil Faces*. São Paulo: Cultrix, 1998.

CANEPA, E. M. O caminho da arte, do corpo e dos sonhos. In *(Por) uma Educação com Alma*. (org.) Scoz, B. Petrópolis: Vozes, 2000.

CANDAU, V. M. Da Didática Fundamental ao Fundamental da Didática In *Alternativas no Ensino da Didática*. (org.) André, M. E., 1997.

CARDOSO, B. *Ensinar a ler e escrever: análise de uma competência pedagógica*. Tese de doutorado-USP-SP, 1997.

CARONE, E. *A Quarta República (1946-1964)*. São Paulo: Difel, 1980.

CARROLO, C. Formação e Identidade profissional dos Professores. In *Viver e Construir a Profissão Docente*. (org.) Estrela, T. Porto: 1997.

CASTORIADIS, C. A *Instituição Imaginária da Sociedade*. Rio de Janeiro: Paz e Terra, 1982.

CHRISTO, C. A. L. *Diálogos Criativos: Dômenico de Masi & Frei Beto*. Org. Bolonha, J. E. São Paulo: DeLeitura Editora, 2002.

CORTELLA, M. S. A *Escola e o Conhecimento: Fundamentos Epistemológicos e Políticos*. São Paulo: Cortez/IPF, 2000.

CRISTELLI, D. M. A *Analítica do sentido: uma aproximação e interpretação do real de orientação fenomenológica*. São Paulo: EDUC: Brasiliense, 1996.

DAVIS, C. O *Construtivismo de Piaget e o Sócio-Interacionismo de Vygotsky*. Conferência proferida no Seminário Internacional de Alfabetização e Educação Científica, promovida pela Universidade de Ijuí (RS), 1993.

DOWNING, C. (org.), *Espelhos do Self*. São Paulo: Cultrix, 1991.

ELIADE, M. *Mito e realidade*. São Paulo: Perspectiva. 1986.

FAZENDA, I. *Interdisciplinaridade: história, teoria e pesquisa*. Campinas: Papirus, 1995.

_____. *Integração e interdisciplinaridade no ensino brasileiro: efetividade ou ideologia?* São Paulo: Loyola, 1979.

_____. A avaliação no Pós-Graduação sob a ótica da Interdisciplinaridade In *Interdisciplinaridade: formação de profissionais da educação*. Queluz, A. G. (org.), São Paulo: Pioneira, 2000.

FERNÁNDEZ, A. *Os idiomas do Aprendente*. São Paulo: Artmed: 2000.

FERREIRA, A. B. H. *Novo dicionário Aurélio da língua portuguesa*. Rio de Janeiro: Nova Fronteira, 1980.

FERREIRO & Teberosky. *Psicogênese da Língua Escrita*. Porto Alegre: Artes Médicas, 1968.

FIORAVANTI, C. *Mandalas: a religação da alma com Deus através dos desenhos*. São Paulo: Ground Editora, 1997.

FURLANETTO, E. *Uma tentativa de leitura simbólica da escola*. Dissertação de mestrado, Psicologia da Educação, PUC-SP, 1989.

_____. *A formação interdisciplinar do professor sob a ótica da psicologia simbólica.*Tese de doutorado, Educação: supervisão e currículo, PUC-SP, 1997.

_____. *A formação do Professor: O encontro Simbólico com Matrizes Pedagógicas, como possibilidade de Transformação.* UNICID, 2001.

FURTER, P. *Educação permanente e desenvolvimento cultural.* Petrópolis: Vozes, 1974.

FUSARI, J. C. *Formação contínua de educadores. Um estudo de representações de coordenadores pedagógicos da Secretaria Municipal de Educação de São Paulo.* Tese de doutoramento pela Faculdade de Educação de São Paulo. 1997.

GALIÁS, I. Ensinar-Aprender: uma polaridade no desenvolvimento simbólico. São Paulo: *Junguiana 7.*

GALVANI, P. A autoformação, uma perspectiva Transpessoal, Transdisciplinar e Transcultural, In *Educação e Transdisciplinaridade II.* São Paulo: TRIOM, 2002.

GÓMEZ, A. I. Pérez. *Compreender e Transformar o Ensino.* Porto Alegre: Artmed, 1998.

GIL, J. S. É possível aprender da experiência? In: *Os Professores e a Reinvenção da Escola: Brasil e Espanha,* (org.) Célia L. São Paulo: Cortez, 2001.

HALL, S. *A identidade cultural na pós-modernidade.* Rio de Janeiro: DP&A, 1999.

HARGREAVES, A. *Os professores em tempos de mudança; o trabalho e a cultura dos professores na idade pós-moderna*. Portugal: McGraw-Hill, 1998.

HERNÁNDEZ, F. *Transgressão e Mudança na Educação – Os Projetos de Trabalho*. Porto Alegre: Artmed, 2000.

_____, Sancho e outros. *Aprendendo com as inovações nas Escolas*. Porto Alegre: Artmed, 2002.

HOLLIS, J. Rastreando os Deuses: o lugar do mito na vida moderna. São Paulo: Paulus, 1997.

JUNG, C. G. *Psicologia e Alquimia*. Petrópolis: Vozes, 1970.

_____. *Memórias, Sonhos e Reflexões*. Rio de Janeiro: Nova Fronteira, 1975.

_____. *O Desenvolvimento da Personalidade*. Petrópolis: Vozes, 1983.

JUNG, C. G. & Wilhelm, R. *O segredo da flor de ouro*. Petrópolis: Vozes, 1983.

KEHL, M. R. A psicanálise e o domínio das Paixões. In: *Os sentidos da Paixão*, (org.) Olgária Matos. São Paulo: Companhia das Letras, 1998.

KINCHELOE, J. L. *A formação do Professor como Compromisso Político*. Porto Alegre: Artmed, 1997.

LERNER, D. A matemática na Escola, Aqui e Agora. Porto Alegre: Artes Médicas, 1995.

MACHADO, J. N. *Educação: projetos e valores*. São Paulo: Escrituras Editora, 2000.

MARIN, A. J. *A Educação Continuada: Introdução a uma análise de Termos e Concepções*. Cadernos Cedes n.º 36, 1995.

MATURANA, H.; VARELA, F. *A árvore do conhecimento*. Campinas: Psy, 1995.

MEC/ SEF. *Referenciais para a formação de Professores*. Brasília: Secretaria de Educação Fundamental, 1999.

MOREIRA, S. G. Da Clínica à Sala de Aula: uma Investigação Antropológica. São Paulo: Loyola, 1989.

MORIN, E. *A cabeça bem-feita: repensar a reforma, reformar o pensamento*. Rio de Janeiro: Bertrand Brasil, 2000.

NEUMANN, E. *História da Origem da Consciência*. São Paulo: Cultrix, 1968.

NOGUEIRA, E. (org.). *O Construtivismo. Coleção 50 palavras (verbetes)*. São Paulo: Edições Loyola.

NÓVOA, A. (org). *O método autobiográfico e a formação*. Lisboa: Ministério da Saúde – Departamento de Recursos Humanos, 1988.

_____. (org.). *Profissão Professor*. Porto: Porto Editora, 1991.

_____. (org.). Os professores e as histórias da sua vida, In: *Vida dos Professores*. Porto: Porto Editora, 1992.

NOVASKI, A. T. C. Sala de aula: uma aprendizagem do humano, In: *Sala de aula, que espaço é esse?* (org.) Morais, R., Campinas: Papirus Editora, 1986.

OSTETTO, L. *Encontros e Encantamentos na Educação Infantil: Partilhando experiências de estágios.* Campinas: Papirus Editora, 2000.

PAIVA, V. E (org.). *Prioridade ao ensino básico e pauperização docente.* Caderno de Pesquisa. Fundação Carlos Chagas/ Cortez, nº 100, pp.109-119.

PLACO, V. *Formação e Prática do educador: confrontos e questionamentos.* Campinas: Papirus, 1994.

PEDRAZA, R. L. *Hermes e seus filhos.* São Paulo: Paulus, 1999.

PERRENOUD, P. *Práticas pedagógicas, profissão docente e formação.* Lisboa: Dom Quixote, 1993.

_____. A Prática Reflexiva no ofício de professor. Porto Alegre: Artmed, 2000.

_____. *As Competências para ensinar no século XXI.* Porto Alegre: Artmed, 2002.

PESSOA, F. *Obra Poética.* Rio de Janeiro: José Aguiar Editora, 1974.

PIMENTA, S. G. *Didática e formação de professores – Percursos e Perspectivas no Brasil e em Portugal.* São Paulo: Cortez, 1997.

PIMENTEL, M. da G. *O professor em construção.* Campinas: Papirus, 1993.

PINEAU, G. A autoformação no decurso da vida: entre a hétero e a ecoformação. In: *O método autobiográfico e a formação.* (org.) Nóvoa, A. e Finger, M. Lisboa:

Ministério da Saúde – Departamento de Recursos Humanos, 1988.

_____. O sentido do sentido. In *Educação e Transdisciplinaridade*. São Paulo: TRIOM, 2001.

POPKEWITZ, T. S. *Lutando em defesa da alma*. Porto Alegre: Artmed, 2001.

QUOIST, M. *O diário de Ana Maria*. Rio de Janeiro: Agir, 1970.

RIOS, T. A. *A Ética e a Competência*. São Paulo: Cortez Editora, 2001.

SARGO, C. *O Processo de Aprendizagem e sua Articulação com a Dinâmica Relacional entre Pais e Filhos*. (Dissertação de mestrado) Psicologia da Educação, PUC-SP, 2000.

STENHOUSE, L. *A investigação como base do ensino*. Madrid: Morata, 1995.

SCHÖN, D. Formar professores como profissionais reflexivos In: *Os professores e sua formação*. (org.) Nóvoa, A., Lisboa: Dom Quixote, 1992.

TARDAM-MASQUELIER, Y. C. *G. Jung: a sacralidade da experiência interior*. São Paulo: Paulus, 1999.

TAVARES, J. Dimensão do Desenvolvimento Pessoal e Social na Formação Contínua de Professores. In: *Formação Contínua de Professores: realidades e perspectivas*. (org.) Tavares, J. Portugal: Universidade de Aveiros, 1991.

TORRES, R. M. *Que (e como) é necessário aprender? Necessidades básicas de aprendizagem e conteúdos curriculares.* Campinas: Papirus, 1995.

VON FRANZ, M. L. *A Interpretação dos Contos de Fada.* São Paulo: Paulinas, 1990.

WARSHAWER, C. *Rodas em Rede: oportunidades formativas na escola e fora dela.* São Paulo: Editora Paz e Terra, 2001.

WEFFORT, M. F. *Observação, Registro, Reflexão -* Instrumentos Metodológicos I, São Paulo: Espaço Pedagógico, 1995.

ZABALA, A. *A Prática educativa: como ensinar.* Porto Alegre: Artmed, 1998.

_____. *Enfoque Globalizador e Pensamento Complexo: Uma proposta para o currículo Escolar.* Porto Alegre: Artmed, 2002.

ZEICHNER. K. M. *A Formação reflexiva do professor: idéias e práticas.* Lisboa: Educa, 1993.

_____. *Entrevista / Formação de professores: contato direto com a escola.* Presença Pedagógica, vol. 6, n.º 34, pp. 5-15.

ZOJA, L. *A História da Arrogância.* São Paulo: Axis Mundi, 2001.

IMPRESSO NA
sumago gráfica editorial ltda
rua itauna, 789   vila maria
02111-031   são paulo   sp
telefax 11 **6955 5636**
sumago@terra.com.br